北京奥运交通丛书之七

北京奥运交通科技

Beijing Olympic Transport Technology

刘小明　薛江东　温慧敏　王　刚　编著

北京市交通委员会
北京交通发展研究中心
组织编著

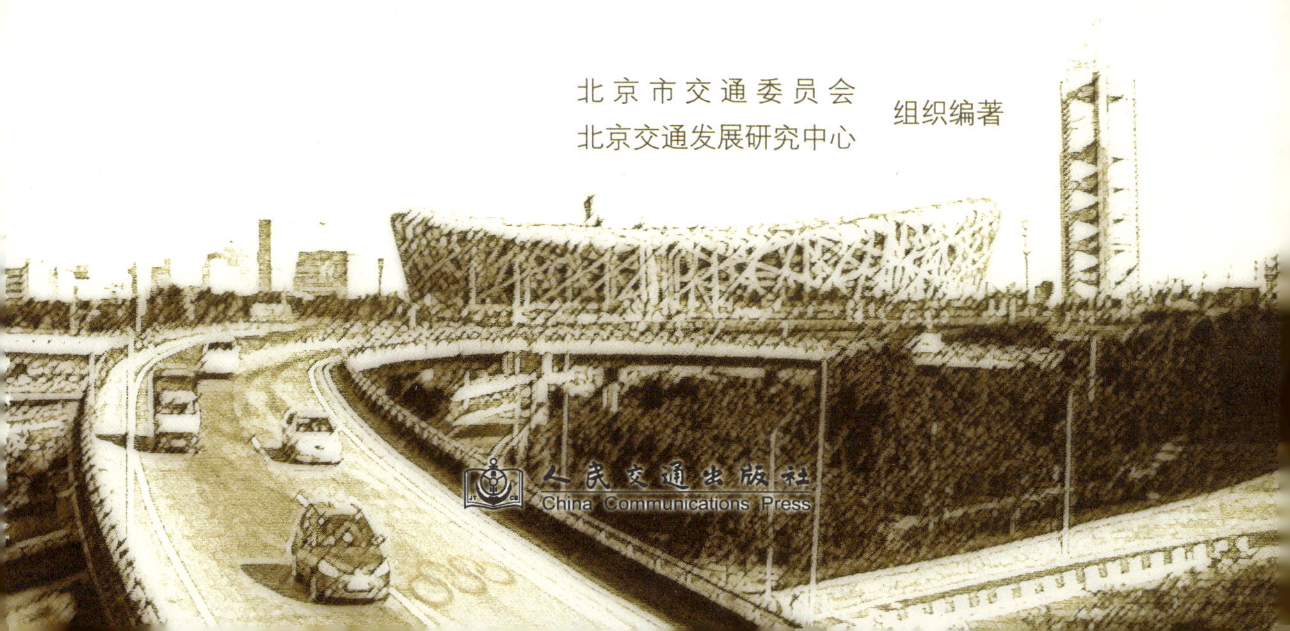

人民交通出版社
China Communications Press

内 容 提 要

本书是北京奥运交通丛书之七，主要内容包括概述、奥运交通运行监测、奥运交通指挥管理系统概述、客运系统运营组织调度与管理、动态交通信息服务系统、奥运交通仿真及绿色交通。

本书可作为政府部门、大型活动组织人员决策和工作参考用书，也可作为交通工作者、科技工作者、教育工作者研究和教学的参考资料。

图书在版编目（CIP）数据

北京奥运交通科技 / 刘小明等编著. -- 北京 : 人民交通出版社，2010.7
（北京奥运交通丛书 ; 7）
ISBN 978-7-114-08573-4

Ⅰ. ①北… Ⅱ. ①刘… Ⅲ. ①奥运会－交通运输管理－科学技术－研究－北京市 Ⅳ. ①G811.21②U491

中国版本图书馆CIP数据核字(2010)第146265号

书　　名：北京奥运交通丛书之七
北京奥运交通科技
著 作 者：刘小明　薛江东　温慧敏　王　刚
责任编辑：戴慧莉
出版发行：人民交通出版社
地　　址：（100011）北京市朝阳区安定门外外馆斜街3号
网　　址：http://www.ccpress.com.cn
销售电话：（010）59757969，59757973
总 经 销：人民交通出版社发行部
经　　销：各地新华书店
印　　刷：北京市凯鑫彩色印刷有限公司
开　　本：787×980　1/16
印　　张：11.5
字　　数：211千
版　　次：2010年7月　第1版
印　　次：2010年7月　第1次印刷
书　　号：ISBN 978-7-114-08573-4
定　　价：68.00元

北京奥运交通丛书
编著委员会

前 言

Preface

2008，百年奥运，中华圆梦。

在党中央国务院的坚强领导下，在北京市委市政府和北京奥组委的统一指挥下，在国际奥委会国际残奥委会和相关国际组织的积极帮助下，在全国各族人民的大力支持下，北京奥运会残奥会圆满成功。北京奥运会残奥会实现了有特色、高水平和两个奥运同样精彩的目标，达到了让国际社会满意、让各国运动员满意、让人民群众满意的要求，全面兑现了向国际社会作出的郑重承诺。北京奥运会残奥会的成功举办，为我们留下了丰富的物质财富和精神财富，同时也积累了宝贵的经验。奥运会后，北京市委市政府站在新的起点上，认真贯彻落实科学发展观，坚持“绿色奥运、科技奥运、人文奥运”理念，大力推进人文北京、科技北京、绿色北京建设，努力把首都建设成为繁荣、文明、和谐、宜居的首善之区。

北京奥运会残奥会的交通问题一直是国际社会关注的热点之一。从 2001 年申奥成功至 2008 年奥运会残奥会举办，这 7 年间，为实现申办奥运交通承诺，首都交通人深入学习实践科学发展观，全面践行“绿色奥运、科技奥运、人文奥运”理念，了解奥运交通需求、编制奥运交通规划、加快奥运交通建设、制订奥运交通政策、实施交通科技创新、评估奥运交通风险、落实奥运交通方案等，实现了北京奥运会残奥会期间交通安全顺畅，公共交通和城市货运保障有力，赛事交通与社会交通和谐运转，受到了国际社会、各国运动员和广大北京市民的高度称赞。

“新北京、新奥运”战略为北京交通的跨越式发展提供了难得的机遇：创新了科学高效的交通管理体制和运行机制；建成了一大批交通基础设施；大力优先发展公共交通，使人民群众普遍得到实惠、出行更加便捷；智能交通等一批科研成果得到了推广应用，城市交通管理服务水平进一步提高；实施了交通需求管理政策，积累了城市交通管理的成功经验；开展了交通安全隐患排查治理和交通应急演练，全面实现了“平安奥运”交通目标；成功实施了奥运交通运行各项方案，为举办大型活动做好交通保障积累了宝贵经验；锻炼培养了一批懂技术、能管理、会服务、高素质的交通服务团队和人员；首都交通行业服务意识和服务水平大幅提高，交通志愿者热情服务成为了首都窗口服务行业的靓丽风景；“公交优先、绿色出行”的理念更加深入人心；交通规划、建设、运营、管理、服务水平明显提升，为北京奥运会残奥会提供了强有力的交通保障。

北京奥运会残奥会交通保障任务的圆满完成，为我们留下了丰富的物质财富和精神财富，同时也积累了宝贵的交通发展经验。站在新的发展起点上，北京市委市政府提出了今后一段时期建设以"人文交通、科技交通、绿色交通"为特征的新北京交通体系的目标，制订印发了《北京市建设人文交通科技交通绿色交通行动计划》，为建设"人文北京、科技北京、绿色北京"，努力把北京建设成为繁荣、文明、和谐、宜居的首善之区提供强有力的交通支持。

为进一步坚持以科学发展观为指导，借鉴奥运交通保障的成功经验推动首都交通发展，为大型活动交通保障提供借鉴，并为教学、科研人员提供研究参考，北京市交通委员会、北京交通发展研究中心组织有关人员编著了《北京奥运交通丛书》。这是集体智慧的结晶，也是将实践经验、科研成果与理论相结合的有益探索。

《北京奥运交通丛书》共分8册，从奥运交通需求、规划、建设、运行、政策、科技、安全应急等方面对北京奥运交通进行了较为全面的描述。《北京奥运交通总论》介绍了奥运交通工作的主要内容及做法经验;《北京奥运交通需求》介绍了北京奥运交通服务标准、需求特征、需求分析和北京奥运需求情况等内容;《北京奥运交通规划》介绍了北京奥运申办以来交通规划系统的构成及主要规划内容;《北京奥运交通建设》介绍了北京奥运筹办期间城市交通基础设施及奥运期间临时交通设施的建设情况;《北京奥运交通政策》介绍了北京奥运期间采取的交通需求管理政策制订过程及方法，实施效果及其评价;《北京奥运交通运行》介绍了北京奥运赛时期间交通运行和交通保障过程;《北京奥运交通科技》介绍了北京奥运筹办举办过程中智能交通技术和新技术、新材料、新工艺在交通中的应用;《北京奥运交通应急管理》介绍了北京奥运期间交通安全风险评估、交通应急管理等内容。

《北京奥运交通丛书》的编写力求采取理论和实际相结合的手法，既反映北京奥运申办、筹办、举办过程中的交通筹备、运行组织过程，也论述了大城市交通发展和大型活动的交通规划、建设、组织、管理等相关理论问题，提出了一些新理念、新观点、新方法，并进行实证分析，希望能让广大读者从中获益和启迪。

由于时间仓促，加上编写水平有限，不妥之处敬请广大读者批评指正。

《北京奥运交通丛书》编著委员会

2010年2月

目 录

Contents

7 绿色交通 149~162

1 概　述

1.1 往届奥运会交通科技应用

智能交通系统（ITS）技术在亚特兰大奥运会和盐湖城奥运会的交通系统中得到了比较充分的应用。ITS对奥运交通系统的巨大推动作用得到了国际奥委会官员、运动员、裁判员等奥林匹克家族成员的认可。

1.1.1 亚特兰大奥运会

亚特兰大为举办1996年奥运会建设了极其庞大的ITS系统，包括智能交通管理系统、公交车辆定位系统、停车管理系统和紧急事件管理系统等。

交通管理方面，佐治亚州交通厅交通管理中心在1996年7月18日至8月4日期间共受理8051个电话求助。交通监测及交通信息采集方面，亚特兰大在道路网交通检测中使用了89个CCTV数码摄像机和319个图像摄像机。交通信息发布方面，在出租汽车上安装了222套车载交通信息接收装置，在道路两侧安装了44个VMS电子可变信息板，同时提供了使用手机接受交通信息的功能。紧急事件管理方面，道路交通紧急事件管理部门（Highway Emergency Response Operators，简称HERO）在1996年7月8日至8月5日期间共救助了2222辆故障或事故车辆，其中对奥运会专用公交车辆的救助达102次。

统计资料显示，亚特兰大奥运会期间整个城市的平均高峰小时交通量不但没有增大，反而减少了30%，交通污染物排放量也减少了30%左右。可见，通过应用ITS技术以及采取相关的交通需求调节措施，可以有效地改善奥运交通。

1.1.2 悉尼奥运会

2000年悉尼奥运会期间，悉尼交通系统中采用了ITS技术。但是由于其城市背景交通压力较小，ITS在悉尼奥运交通系统的应用并不广泛。

悉尼奥运会专门设立了一个交通控制中心，控制中心装备有先进的控制仪器，在此可以通过安置在全市的400个监视器及2800个安装在信号灯下的探测器来监视整个城市交通的状况，终端包括20个控制台及104个监视屏幕，同时通过网络与其他部门进行信息交换。控制中心中的30个屏幕用于监视奥运交通经过的主要区域，两个电台用于为奥运通信网服务，11台电脑用于事故管理，2台电脑用于与CityRail轨道网进行信息交换，另外4台电脑用于传送CityRail网的图像及警察部门的电台信息。

1.1.3 盐湖城冬奥会

2002年盐湖城冬奥会期间，盐湖城交通系统广泛使用了ITS技术。

在交通指挥方面，在盐湖城冬奥会举办期间，交通指挥的职权有非常明确的分工。犹他州运输部（State D.O.T.）的交通指挥中心被确定为奥运会交通协调的中心，该中心同时也是交通控制指挥系统和安全保障系统的命令中心。在明确了交通管理的中心后，还明确了各项具体指挥权的分工，例如：盐湖城运输部（City D.O.T.）负责管理市区的交通信号系统、犹他州公共交通局（Utah Transit Authority）负责管理观众运输系统。

在交通控制方面，交通控制的目标被确定为提供安全的交通流、减少交通堵塞、提供到达场馆的（多条）备用线路。交通控制的措施包括：车道限制、修改车道结构、在特定时间调整交通信号配时以及调整通勤人员的上下班时间等。根据赛后的统计，奥运会期间每天使用的交通控制设备超过50万套。

在交通监控方面，其主要途径是监控设备定点监控和交通观察员监控。通过监控设备定点监控的内容主要有：左转信号周期、直行交通情况、可能阻塞区域情况、交通管制设施情况、交通事故情况、行人交通流情况、道路交通流情况。交通监控系统每天都发布交通报告、交通事故情况报告、车道占有率情况报告。在监控系统中使用的监控设备有：200个闭路电视监视器、55套可变信息标志、50套便携式信息标志、230个交通传感器、600个线控交通标志（其中有250个在市区）。55位交通观察员的职责主要有：观察交通状况并确定问题区域、向区域交通控制工程师（10位）汇报、对解决交通问题提供实时的建议、在必要的时候进行手动控制交通信号。

在实时信息发布方面，主要通过互联网、电视、收音机、511热线等途径发布信息。在互联网方面，主要有www.UtahCommuterLink.com和www.SaltLake2002.com两个网站，其中www.UtahCommuterLink.com是犹他州先进交通管理系统的官方网站，该网站根据实时交通信息更新，还针对特定的人员类型（观众、通勤者、居民、商业）提供出行建议。奥林匹克AM收音机节目每小时播放四段四分钟的奥林匹克最新信息，信息内容为道路情况、天气情况、观众情况和交通事故情况等。511出行信息热线电话提供免费的语音化交通信息服务，它发布的信息有道路状况、事件信息、出行指导、公交指示等。

1.1.4 雅典奥运会

雅典奥运会期间，道路网络的监视和管理以及奥运交通有关信息的管理由雅典奥组委交通部负责。交通部的工作目标是确保奥运会与会人员得到周到、高效的交通服务，并避免奥运交通对其他社会环境的干扰。交通部共有工作人员10000余人，其中志愿者5000余人。

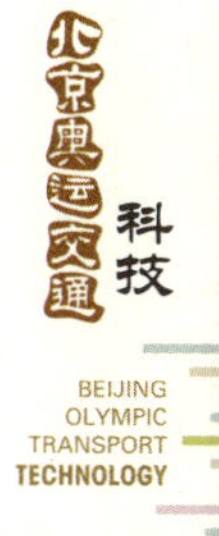

除雅典奥组委交通部外，参与雅典奥运交通管理的还有城市运行管理中心、交通监控中心等。

城市运行管理中心（Region Operation Manage Center）：为保证奥运赛时良好的城市运行，希腊当局成立了城市运行管理中心，负责协调九个部委、雅典周边49个城市、100余个公共和私人机构，确保奥运会期间良好的城市运行状态。城市运行管理中心由与奥运密切相关的五个主要政府部门派出的代表和奥组委有关人员共同组成。该中心连接并统一协调奥运赛时交通、安全、市政、火警、医药卫生等部门的运行中心和紧急情况处理部门，建立了各部门之间的协调网络和工作机制，针对各种可能的意外情况制订了详细应对预案，并通过演练予以完善。该中心为保障奥运赛时大雅典地区和奥运场馆设施的高水平运行和优质服务发挥了十分重要的作用。

交通监控中心（Traffic Monitor and Control Center）：奥运会交通监控中心隶属于雅典警察局。该中心控制着雅典全市交通信号控制系统、可变信息板系统、交通流信息采集系统和交通电视监控系统（拥有400余处监控点）。同时，该中心还与奥运会主运行中心、奥运交通运行中心、奥运安保中心、交通信号控制中心及公共交通运输部门相连接。其主要任务是实时监控路网特别是奥运交通路线上的交通状况，协调所有与交通运行有关的机构，对交通进行综合管理，及时发现并有效应对各种突发意外情况，适时向有关部门和社会公众发布交通信息。

1.2 北京交通科技发展态势

1.2.1 交通信息化与智能化进程加快

交通信息化和智能化能够最大限度发挥交通系统的运行效益，改善交通安全，提高交通服务水平，并能提高城市交通规划、建设、运营、管理和服务的管理科学性，减少决策的盲目性（图1-1）。

信息化是首都发展的新动力和新主题。其战略目标是建设“数字北京”。“数字北京”工程通过建设宽带多媒体信息网络、地理信息系统等基础设施平台，整合首都信息资源，建立电子政务、电子商务、劳动社会保障等信息系统及信息化社区，逐步实现全市国民经济和社会信息化。

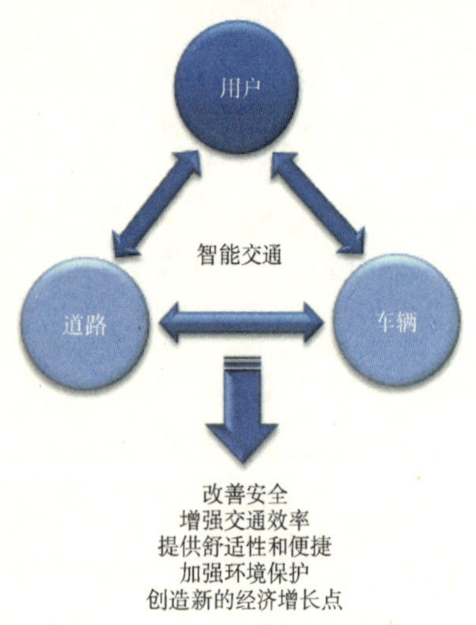

图1-1 智能交通系统的概念

交通信息化是北京信息化及“数字北京”在交通领域的重要体现，并正在向ITS及其产业化方向发展。交通信息化与智能化是北京交通可持续发展的必由之路。

ITS技术发展是交通科技发展的重要体现。我国ITS的发展起步较晚，其前身或基础工作在20世纪70年代末开始。20世纪90年代中期以来，在交通部的组织下，我国交通运输界的科学家和工程技术人员开始跟踪国际上ITS的发展，可以说我国ITS经历了准备期和真正意义上的发展期，目前在政府机构、研究院所、大学、相关企业公司的共同参与下，呈现出如火如荼的发展态势。

1.2.1.1 交通管理与控制逐步智能化

北京市建成了覆盖城市快速路和主干路的交通综合检测系统。截至2007年年底，全市共建有142套交通事件检测系统，快速路交通流检测系统有840处检测断面，车辆旅行时间检测系统中有274处检测断面，能够实时掌握道路交通状况，为交通管理提供了科学依据。

建成交通信号区域控制系统。截至2007年年底，北京市共有2975处信号灯，其中系统控制1079处，单点控制1896处，实现了交通信号的集中控制、集中管理、协调联动，提高了路网的整体通行效率。

建立了实时交通信息服务及诱导系统。截至2007年年底，北京市建有室外信息显示屏133块。实时路网信息通过市交管局互联网站进行发布，为交通参与者提供及时、准确的交通信息服务。

奥运交通指挥中心启动运行。在智能交通管理体系框架下，指挥中心综合集成各种科技手段，全面整合交通信息资源，实现了对北京市道路交通的集中、统一、权威、高效指挥控制，为奥运会残奥会期间交通的通畅、便利、快捷作出了重要的贡献。

1.2.1.2 公共交通系统信息化不断得到提升

通过提高公共交通系统的智能化监控调度管理水平，吸引了更多的市民选择公交出行，提高了公交针对大型活动和突发事件的应变能力，为奥运会残奥会提供了良好、有序、高效的公共交通运输服务。

枢纽站智能调度系统不断建立完善。动物园枢纽站智能调度系统自2004年启用以来，运行良好。西直门交通枢纽和东直门交通枢纽已于2008年8月之前投入使用。一亩园交通枢纽、宋家庄综合交通枢纽、北苑综合交通枢纽、北京南站枢纽等一系列工程将陆续投入使用。

建成部分BRT智能系统。至2008年，北京市已经建成了南中轴路、朝阳路、安立路BRT智能系统，该系统包括运营调度系统、公交优先信号系统、乘客信息服务系统、车载电子系统、站台智能系统、停车导航管理等，集成的智能化使BRT的辅助调度和高服务水平得以实现，为优先发展公共交通提供了强有力的技术支撑。

完成公交抢修救援调度系统的升级改造。能够实现故障车辆统一报修、救援车辆统一调度、抢修救援过程全程跟踪、事后统计分析等业务的计算机信息化管理，特别是通过统一调度、就近抢修的优化调度策略，达到了优化资源、快速反应、及时抢修的目标。

市政交通一卡通成功推广应用。2009年年底，日均刷卡量达到1300万人次左右。

1.2.1.3 高速公路电子收费系统继续推进使用

在八达岭高速公路电子收费示范系统的基础上，继续推进全市范围的高速公路不停车电子收费系统。改建扩建7个收费站、906条MTC车道，56条ETC车道，12个路段中心子系统，11个客服网电子系统，安全设施子系统，配套的发行、清分、结算、联网通信子系统，呼叫中心子系统，客服网站子系统等。依据2007年5月国家标准化委员会正式批准颁布的交通部申报的ETC国家标准，进行了ETC核心设备的国际综合性测试，积极参与京津冀联网示范工程，明确北京市电子收费系统要符合国际标准并兼容市政交通一卡通。

1.2.1.4 客货运输与行业管理信息化程度提高

建成六里桥客运主枢纽信息系统，实现了站区24h监控、站务一卡通、客运车辆全球定位系统（Global Positioning System，简称GPS）卫星定位监控等功能。此外，交通运输数据库和综合查询分析系统已经编制完成，推进了信息系统的整合工作。

1.2.1.5 交通综合信息服务再上新台阶

公众出行服务网站于2008年5月31日投入运行，建设完成了统一的交通运输服务热线，为市民提供实时、动态和综合性的交通信息服务。

1.2.1.6 新型节能、环保车辆投入使用

奥运会之前，新增更新环保公交车2500辆，更新地铁1号线、2号线车辆32组（192辆），更新节能环保型出租汽车2000辆。奥运会期间，使用新型环保公交车为奥运场馆周边提供公交服务。使用这些无污染或低污染的公交车辆服务于奥运，达到了“绿色奥运”的承诺。

1.2.2 交通科研投入力度加大

为了奥运交通建设，科技部和北京市科委在“十五”和“十一五”期间，分别投入大量科研经费设立了多个奥运专项，开展智能交通等多领域交通科技研发。

科技部将智能交通系统研究与开发作为“十五”科技攻关项目，于2002年6月批准了《北京“科技奥运”智能交通系统技术开发与应用》项目，选择北京作为ITS示范城市，并在资金方面给予重点支持。

《北京市智能交通系统（ITS）规划与示范研究》是北京市科委“十五”期间设立的重大专项。该项目首次从总体规划、基础研究和示范工程三个层面展开，系统研究了北京市ITS总体规划、实施战略和保障条件，为北京市ITS的具体建设提供了指导纲领。

通过对交通流特征参数、路网功能诊断、信号交叉口优化仿真等ITS实施的基础以及关键技术进行攻关，为ITS基础研究和北京市ITS建设提供了理论基础和技术支持。同时，以综合交通信息平台、交通管理系统和公共交通系统为重点，研究开发了北京市急需的7个ITS典型应用子系统，实施了示范工程，在提高交通基础设施的使用效率，提高公共交通运营管理和服务水平，缓解北京日益严峻的交通压力，提

高出行舒适性和安全性等方面取得了初步成效。

研究成果对北京市ITS发展起到关键作用，能有效地支持建立新北京交通体系，服务于奥运交通需求，为北京市智能交通系统的协调、快速发展以及整个交通运输体系的可持续发展奠定基础。

“十一五”期间，科技部设立科技支撑计划“北京奥运智能交通管理与服务综合系统”，对奥运综合交通信息平台、奥运交通指挥调度系统、城市交通数据系统及关键支撑技术、道路交通群体诱导系统等四个重点方面予以支持，示范工程直接面向奥运交通组织管理应用。同时，北京市科委设立科技专项“北京智能交通系统关键技术研究与应用示范”，从多源交通数据采集、交通数据建模和挖掘处理、城市道路交通网络动态运行分析、多方式交通信息服务四个方面开展研发和示范，攻克了一批关键技术，研发完成一系列应用系统，对奥运交通运行起到支撑作用。

1.2.3 交通产业蓬勃发展

交通信息化和智能化发展必然促进交通产业发展。20世纪70年代，我国开始在交通运输和管理中应用电子信息技术。20世纪80年代以后，我国在交通管理系统方面开展了一系列科学研究和工程实践，在城市交通管理、高速公路监控系统、收费系统、安全保障系统等方面取得了多项科研成果，并开发生产了车辆检测器、可变情报板、可变限速标志、紧急电话、分车型检测仪、通信控制器、监控地图板等多种专用设备，制定了一系列的标准和规范。到了20世纪90年代，我国开始大力推动ITS的建设和发展。尤其是在1995年之后，我国在ITS的研究、实验以及国际交流等方面的活动日益频繁，并参加了世界ITS大会的指导委员会和国际标准化组织的部分工作。在短短十多年的时间里，随着ITS在我国的建设以及对ITS技术的研究、开发和应用，我国的ITS产业正逐步形成。交通产业的发展与交通科技的发展形成互相促进的双动力。

1.2.4 国际行业间开展广泛合作

北京交通快速发展产生的巨大市场吸引了各国交通行业企业和技术力量的关注。欧洲、美国、日本等交通管理部门、研究机构、大学、企业等纷纷带着先进的技术和经验来到我国，开展了更为广泛的交流合作，促进了我国对先进技术和理念的引进和吸收，有利于我国在充分借鉴先进经验的基础上，开展适合我国城市特点的交通科技和信息技术研发，逐步实现通过自主创新推动交通科技发展。

1.3 北京奥运交通科技的基本目标

北京2008年奥运会把“科技奥运”的理念贯彻落实到规划、建设、运行与服务的各个领域。在奥运交通领域，以科技创新为引领，从科学交通规划体系的创建，到基础设施建设、系统运行监控与调度，以及为奥运会各类群体提供交通服务装备、运行组织都有一系列的科技创新及成果的应用，是本届奥运会交通运行服务成果的重要技术保障。

早在筹办初期的交通战略研究阶段，北京市政府与北京奥组委就着手研究和制订奥运科技创新的全面规划，并作为交通发展战略的重要支撑点。在《北京交通发展纲要（2004-2020年）》中将“促进交通科技发展，加快交通信息化与智能化建设”列为一项重要战略任务，明确了交通科技发展的重要战略地位、战略方向和基本任务。《北京交通发展纲要（2004-2020年）》明确指出：“以信息化、智能化为重点推进交通行业的科技进步，提高交通规划、设计、施工、运行管理的科技水平”,“研究开发新交通方式、新交通工具、新材料和新工艺”。

为应对奥运交通压力、提升科技含量、解决关键技术难题，北京奥运交通科技创新确立了如下基本目标：

（1）解决复杂开放性巨系统运行监测与有效管理难题，实现广域路网实时监测和评价，全方位掌握奥运交通运行动态状况。

为应对奥运交通管理决策需求，根据北京市实际交通状况和条件，着力研发适用于广域路网的道路运行实时数据采集和处理技术，解决以往奥运举办城市未能解决的复杂开放性巨系统的无盲区数据采集和系统监测难题，实现对北京市市区路网运行状态和公交客流全天候、全网络的实时监测，并成功服务于奥运会。

（2）实现奥运交通服务车辆的智能化调度、交通运行管理的现代化指挥，以及实时动态交通信息服务，确保安全、高效、有序。

为满足奥运不同群体的特殊交通保障需求和城市日常交通及运输需求，通过全方位监控、畅达的通信网络、精准的定位技术、高效的组织优化方案，建立奥运交通管理指挥控制系统、公共交通智能化运营组织调度系统、轨道交通指挥调度系统、交通应急指挥系统等多层次的指挥调度系统，实现交通的合理组织和车辆的智能化调度，确保奥运交通的安全、高效、有序运行。

（3）保障奥运场馆的安全、顺畅运行，解决突发性高强度人流疏散难题。

针对奥运交通需求的突发性、高强度特征，应用先进的人流分析技术方法，诊断奥运比赛场馆人流疏散的关键节点，降低奥运交通风险。通过事先对有关的运营计划或交通组织方案进行评估，测试行人交通组织、观众引导服务、安全保障以及相应设施的设置功能，针对有关的比赛、开闭幕式交通营运和组织提供辅助决策，为制定合理可行的奥运会交通组织方案、预案提供支持，体现“科技奥运”理念。

（4）研发各类交通规划与交通运行方案的预评估和可实施性检验技术。

交通规划与运行方案的合理性与可实施性受客观条件限制，往往在付诸实施前无法进行实际检验，尤其是涉及全局的中长期战略规划更是如此。然而，任何规划都存在基础数据中的诸多不确定性，加上规划理论方法的缺陷，规划方案的科学合理性及实施的可行性确实难以保证。针对这个难题，无疑需要利用现有的交通流理论及建模技术，研究建立一套可用于各类交通方案的预评估和可实施性检验的规划方案预评估体系，辅之以小规模的现场检验手段，从而保障奥运交通各项规划和运行管理对策实施方案的有效性和可实施性，并为我国以后的大型活动交通组织和管理提供参考和理论研究依据。

（5）研究有效协调应对奥运会短期特殊需求与城市中长期可持续发展需求的对策。

奥运交通科技发展提升“科技奥运”品质，更是对城市交通长期发展战略目标实现的催化剂。奥运会是短期的，投入是巨大的，而城市交通发展是长期的发展战略，在奥运交通科技工作中必须注重对这两方面的思考，充分利用奥运会这个契机，以科技促进城市交通长远发展。同时，鼓励、推动交通基础设施建设、运输车辆、运营组织中新技术、新材料、新方法的研发使用，体现了“绿色交通”理念。

1.4 北京奥运交通科技的主要内容

为了更好地服务于北京奥运会残奥会，北京交通科技主要在以下方面进行了建设和应用。

（1）综合交通信息平台建设。

2005年年底至2006年6月，为缓解交通拥堵状况、提高交通运行效率、提升交通管理和信息服务水平，迎接2007年北京世界智能交通大会，服务2008年奥运会，北京市交通及相关部门共同研究制订了“近期智能交通系统建设工作安排”,提出了“一个共享平台，七大应用领域”的总体架构，初步确定十一个近期建设重点工程。

针对前期存在问题和下一步交通工作需要，确定了“服务奥运、方便出行、缓解拥堵”的总体建设目标，明确了以“资源整合、信息共享、提高效率”为重点，提出了“一个共享平台，七个应用领域”的总体推进思路（图1-2）。

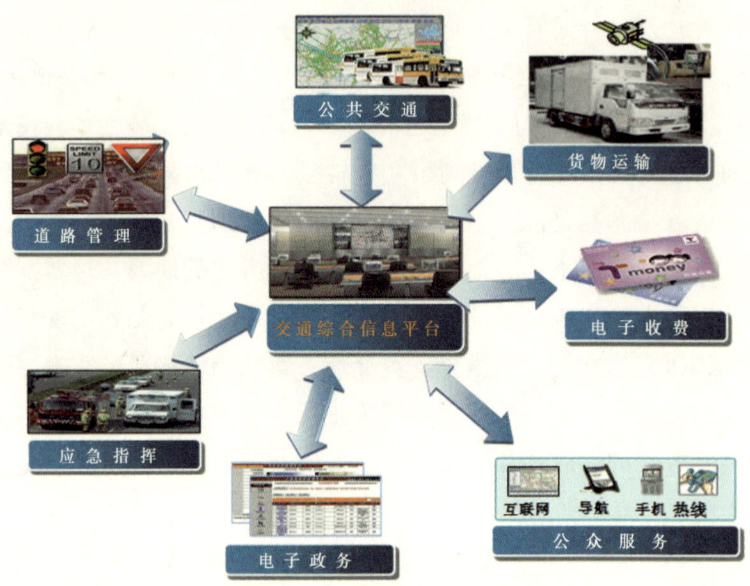

图1-2　北京市智能交通系统发展近期规划

总体目标是注重实用性、把握重点、突出共享、整合提升。七个领域是在参考国内外相关标准并结合北京实际的情况下划定的，力求全面协调推进。

建设交通综合信息共享平台，是交通领域信息集成与共享的基础。推进道路交通管理、公共交通管理、货物运输管理、电子收费、公众信息服务、交通电子政务和交通应急指挥七个领域的智能化建设，将全面提升交通管理、运输组织和信息服务的水平。

（2）建立奥运交通指挥中心。

建设集中各种交通管理和指挥手段于一体的业务管理系统，对奥运期间交通实施统一指挥调度和流量调控，保证全市交通的协调运转。完成指挥中心及奥运交通指挥调度分中心建设，完成区域级交通指挥调度分中心建设。

（3）道路交通信号控制系统。

扩展交通信号自动控制系统，科学调控交通流量，满足奥运交通管理需要。新建信号控制路口200处，实现全市1250处信号配时联调；建设二环路、三环路、四环路、五环路及其联络线的出入口及车道快速路信号控制系统90处。

（4）道路交通电视监控与事件监测系统。

实时监控奥运车辆运行状况，及时发现交通事件，便于调集警力快速处置。新建180处电视监控和101处交通事件监测设备；新建200处违法监测设备，将1300处违法监测设备联入系统。

（5）道路交通流信息检测系统。

集成各种检测手段，形成覆盖全市主要道路的交通流信息检测系统。采集动态道路交通流信息，优先完善奥运场馆周边及市区主要行车路线交通流信息检测系统。奥运会前新建160处检测断面、88处车辆牌照识别旅行时间检测系统。

（6）交通应急指挥系统。

为便于轨道、桥梁、道路突发事故及应急运输保障四个主预案的处理，建设交通安全专项应急指挥中心系统；建设、完善、接入交通视频监控及检测信息资源。

建成交通安全专项应急指挥中心系统，完成行业现有视频资源整合接入和地铁视频监控系统的改造。完成重要运输场站，重要路、桥、铁路道口等设施视频、检测监控系统建设。

（7）高速公路电子收费系统。

提高收费站通过能力，缓解拥堵。在所有收费站口实现与一卡通卡结合的停车和不停车电子收费。

建成八达岭高速六个站点不停车收费和停车刷卡收费系统；实现所有收费站口“一卡通”卡停车刷卡付费，并建成京石、京承、京开、六环路重点收费站点不停车收费系统。

（8）出租汽车调度及信息采集系统。

在出租汽车调度方面，积极推广电话叫车业务、减少出租汽车空驶率；利用出租汽车信息采集系统，掌握行业动态，加强政府监管；利用出租汽车实时动态路况信息，建成路网实时路况监测系统，提高了公众信息服务水平。

兼顾调度、安防、管理、信息采集四方面功能，制订出租汽车调度服务统一的技术、业务规范；制订鼓励电话叫车的配套政策；选择确定三家调度服务商，协助申请特服号；明确调度服务要求，建立调度服务商进入退出机制，加强政府监管。

（9）奥运公交运营组织与调度系统。

为奥运期间的公共客运提供运营组织与调度保障。建设3500辆奥运公交车辆定位与调度系统。

（10）省际长途综合客运枢纽信息系统。

改善长途客运与市内交通衔接，提高多方式综合运营协调和面向乘客的综合信息服务水平。建设六里桥综合客运枢纽信息系统、北京市省际客运信息管理系统。

（11）停车场动态信息采集、发布与诱导系统。

整合动态停车信息，提供停车诱导服务，提高行业管理水平。建设动态停车信息采集系统、停车信息管理与发布平台和路侧停车诱导系统。

完成相关技术标准；建成不少于3万个车位的动态信息采集系统；建成统一的停车信息管理和发布系统；建成区域停车诱导设施。

（12）交通综合信息共享平台与综合信息服务系统。

整合交通信息资源，实现数据交互、共享，提供综合信息服务。建设内容包括数据中心和综合信息服务两部分。

数据中心建设方面，北京市交通委负责建成交通运输行业数据中心；由北京市信息办指导，北京市交通委、北京市公安交管部门共同建成综合信息共享平台数据中心。

公众信息服务建设方面，由北京市交通委、北京市公安交通管理部门负责，建成全市统一的交通运输服务热线和网站；建成覆盖主要道路的交通诱导系统；建成机动车动态导航示范系统。

（13）利用奥运交通仿真系统进行多项方案的测试与评估。

基于奥运交通系统的特殊性和复杂性，考虑到国内对于如此大规模国际赛事的交通组织相对缺乏经验，因此需要应用高科技手段对奥运期间的各种交通策略提供辅助性建议并对各种方案进行测试，以保障奥运交通准时、安全、方便，并将奥运交通对城市日常交通的影响降至最小。

目前，仿真工具在交通系统分析中扮演着越来越重要的角色，在交通系统分析中的应用也越来越广泛。将仿真工具应用于奥运交通系统的分析研究中即形成奥运交通仿真系统，是奥运交通服务的基础性研究工作之一。奥运交通仿真系统的建立，可为多个层次上重要的交通系统提供交通规划和交通组织的测试平台，包括北京市五环以内区域、奥林匹克交通环、奥林匹克公园及重要场馆等，为合理地制订交通规划和组织方案提供分析平台。

（14）新能源、新材料、新工艺的应用。

为了更好地体现绿色奥运，北京交通在新能源、新材料、新工艺等方面进行了深入的研究和探索，开展了多项与新技术有关的科技项目研究工作，包括新能源环保车辆的研发及使用，道路建设中新材料的研发生产，以及建设过程中新工艺的使用。新能源、新材料、新工艺的应用，大大降低了由于车辆使用及道路建设过程中对环境及空气质量的污染，对实现绿色奥运发挥了重要作用。

2 奥运交通运行监测

2.1 路网运行监测

2.1.1 浮动车交通信息新技术

2.1.1.1 系统概况

浮动车交通信息采集系统（Floating Car Data，FCD，简称浮动车系统）是伴随着ITS新技术应用而在近几年发展起来的新型交通流信息采集技术。所谓浮动车（Probe Vehicle，PV或Floating Car）就是指安装有定位和无线通信装置的普通车辆(如出租汽车、公交车、警车等)，这种车辆能够与交通信息中心进行信息交换。而浮动车系统是指通过交通流中一定比例的浮动车辆与交通信息中心实时交换数据的一种新型交通信息采集系统。当浮动车在道路上行驶时，来自路网纵剖面的交通流数据将被收集，这样可以直接和方便地测得可靠、准确的车辆行驶速度、路段行程时间等参数。

目前，该系统作为一种重要的交通信息采集方法，特别是作为弥补现有传统交通信息采集技术不足的实时交通信息采集方法，已得到世界各国的普遍承认，并成为交通工程专家的研究热点。

浮动车系统通常由三个部分组成，包括：车辆；一种车辆定位技术，如GPS、电子标签、移动电话等；实现车辆和交通信息中心之间数据传输的通信系统（图2-1）。

浮动车系统之所以得到重视，主要原因在于浮动车系统有别于传统固定检测方法的突出特点。

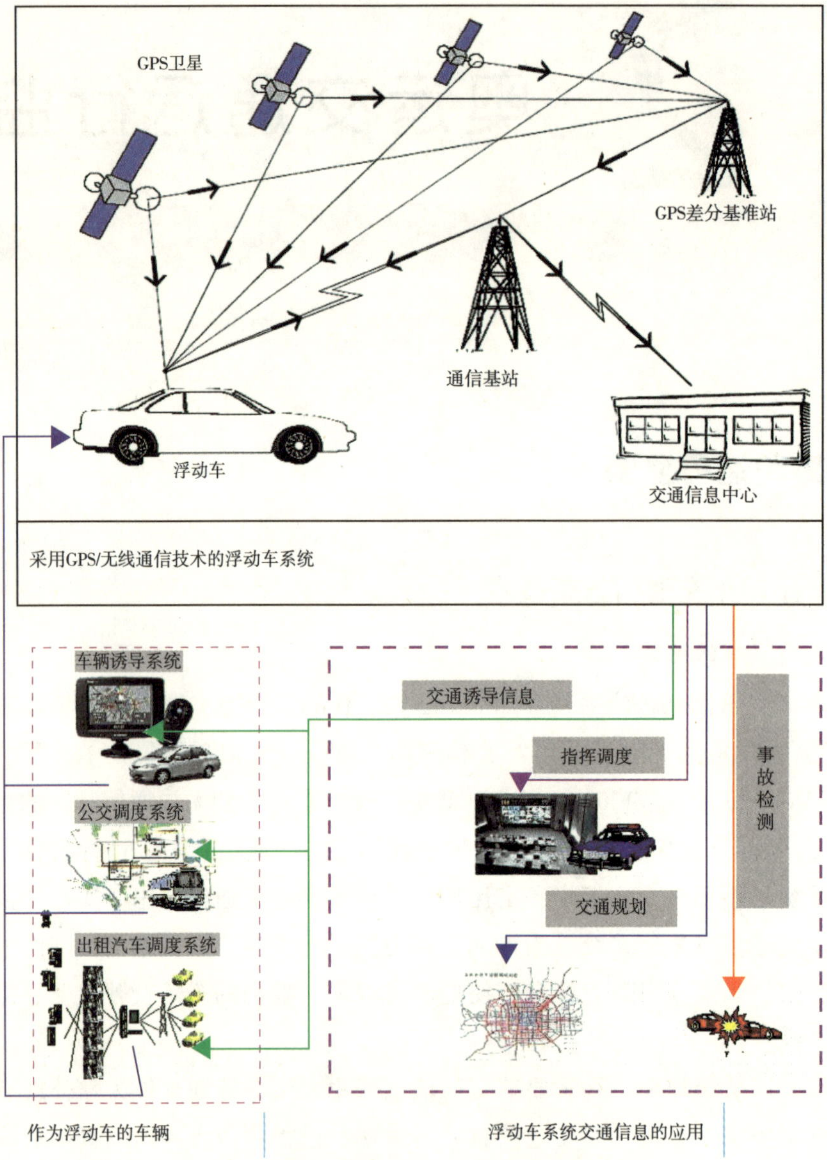

GPS卫星

GPS差分基准站

通信基站

浮动车

交通信息中心

采用GPS/无线通信技术的浮动车系统

车辆诱导系统

交通诱导信息

指挥调度

公交调度系统

事故检测

交通规划

出租汽车调度系统

作为浮动车的车辆

浮动车系统交通信息的应用

图2-1　浮动车系统构成及与其他ITS子系统间的关系图

（1）覆盖面广：传统的检测器都是安装在固定地点，只能检测到一个断面的交通流信息，而浮动车是“流动的”，几乎可以采集到城市道路网各个部分的信息，采集范围不再仅仅是点、线，而是面。

（2）投资小：各种安装有定位和无线通信装置的车辆均可作为浮动车使用。这些车辆通常都是隶属于出租、公交、公安调度系统的出租汽车、公交车、警车以及部分安装有导航设备的私家车。浮动车系统只是利用现有的设备，将其回传的车辆定位数据存储、融合、处理，得到有用的交通信息，因此浮动车系统通常结合调度和诱导系统建设，大大节省了投资。相比之下，要覆盖同样的范围，使用传统固定检测器要投资巨大。

（3）采集数据多样、准确：浮动车系统采集的路段平均车速、旅行时间，对于了解道路运行状况、分析拥堵原因、提供交通诱导服务等都是非常关键的参数，这些参数的计算方法相对于传统检测方法要简单，结果更精确可靠。浮动车系统直接产生基于OD（Origin- Destination）的数据，解决了部分交通规划的数据来源，从而可节省大量的居民出行调查费用。另外浮动车作为实时路网交通状况的"指示器"，可以帮助交通管理者更及时地发现交通事故以及拥堵的形成与消散（图2–2）。

2008年北京奥运会期间要求对奥运重点区域及全市的交通运输进行良好地组织、指挥和管理，保证奥运交通的通畅、快捷、高效。为了应对各种可能发生的情况，奥运会期间需要更多的实时交通信息用以控制、指挥交通，对交通流进行诱导，浮动车系统所提供的广泛区域内直观反映道路拥堵状况的交通信息将会非常有价值。它在路段平均速度、行程时间信息采集的准确性和实时性上都优于线圈、微波等固定点检测方式。浮动车的流动性使它能采集到城市路网各个部分的信息。同时，2007年北京ITS世界大会向世界展示我国ITS技术的发展水平，浮动车交通信息采集系统及其应用服务系统是重点。

为了满足2008年北京奥运会对整个交通系统提出的更高要求以及北京市ITS长远发展的需要，研究并实施浮动车系统非常必要。

同时，北京市交通综合信息平台、智能交通管理、公交系统的示范工程以及北京市出租汽车调度系统的建设，为浮动车交通信息采集系统的研究试验和应用提供了良好的物质条件和机遇。

通过对浮动车交通信息采集系统关键技术及实施方案的研究，为北京市智能交通系统的交通信息采集提供一种全新、经济、可靠的方法；为北京市交通相关部门提供决策基础数据；同时为浮动车系统的早日实施提供技术储备和指导；通过系统研究，将有利于出租汽车调度系统、公交调度系统、车载诱导系统、交通管理系统以及交通综合信息平台的融合，同时也为北京市开展实施交通诱导信息服务提供了基础（图2–3）。

2.1.1.2　浮动车交通信息系统

（1）系统框架。

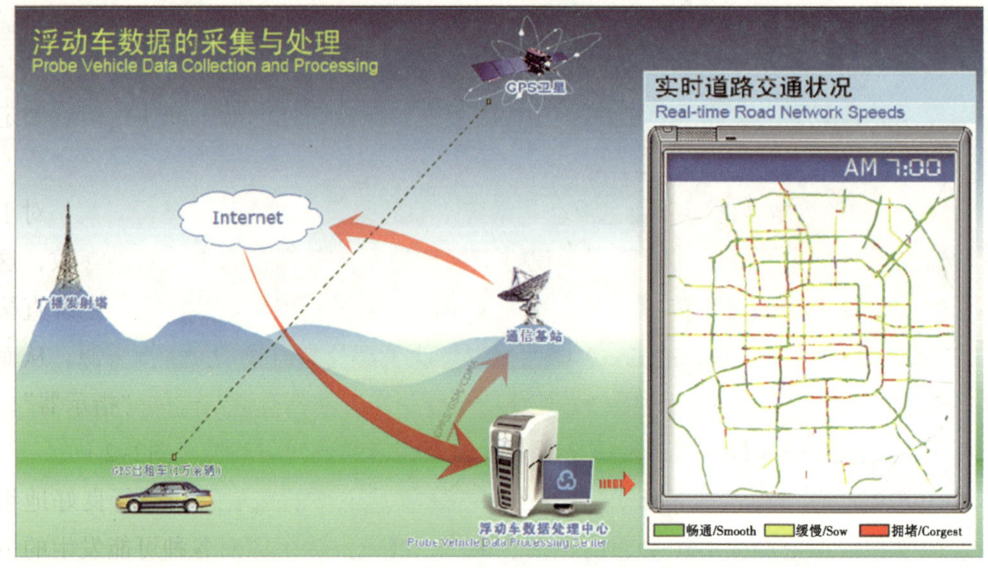

图2-2　浮动车系统示意图

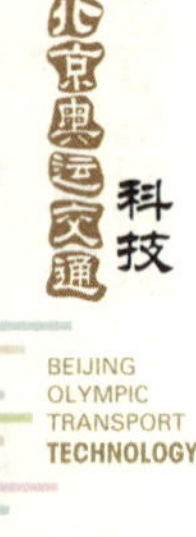

图2-3　浮动车系统应用示意图

浮动车系统的物理框架主要包括以下几个部分：数据采集前置机；PDA（Personal Digital Assistant，个人数码助理，一般指掌上电脑）采集装置；通信服务器；浮动车处理服务器；成果展示终端等。

浮动车系统的物理框架如图2-4所示。

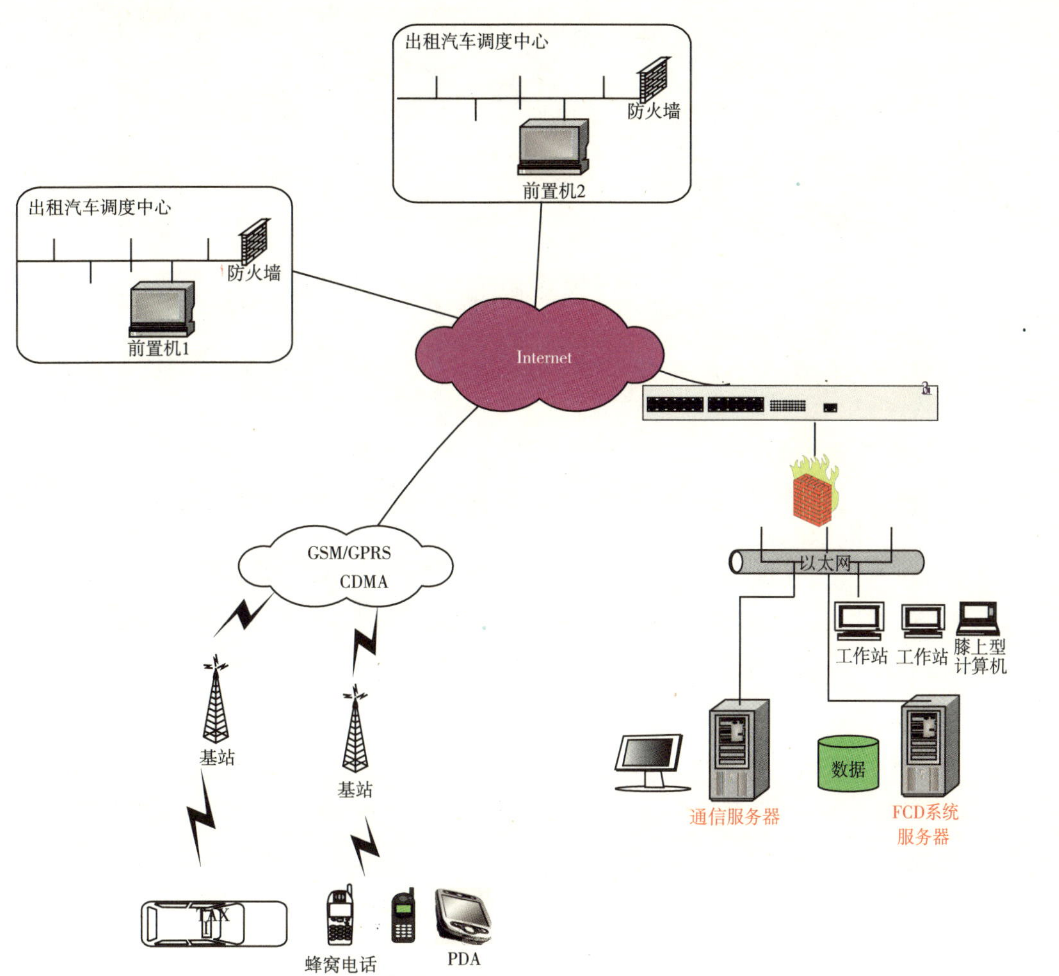

图2-4　浮动车系统物理框架图

（2）系统概况。

系统参与计算的出租汽车约33000辆，占出租汽车总量的50%以上。每辆车大约每分钟上传一个GPS点数据，以5min为计算周期，每天接收到的数据量1G左右。数据内容包括车辆编号、上传时间、经纬度坐标、瞬时速度、方位角、运营状态等信息。

① 路网范围：五环路内（含五环路），路段数2.8万，路网长度6800km以上。

② 覆盖率：5min计算间隔，高峰时段干道路网覆盖率90%。

浮动车交通信息采集系统主要由数据采集（接入）、数据处理和信息服务这三部分组成（图2-5）。

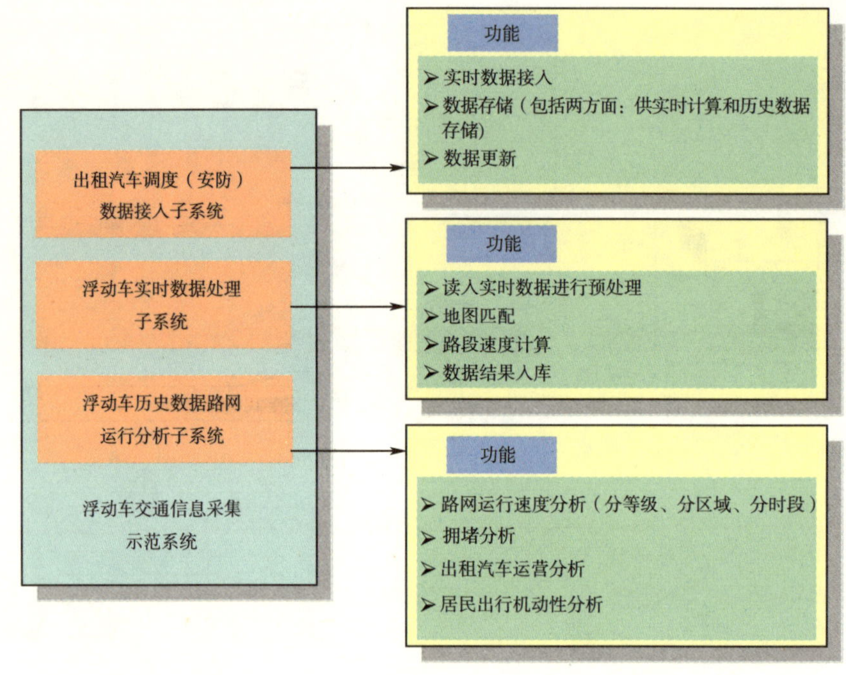

图2-5　浮动车交通信息采集系统组成及功能

（3）GPS数据采集系统。

基于PDA的GPS数据采集系统，具有界面友好、数据存储优化、操作简单等特点，为浮动车系统的数据采集及结果验证工作提供了保障。图2-6为GPS数据采集系统的界面。

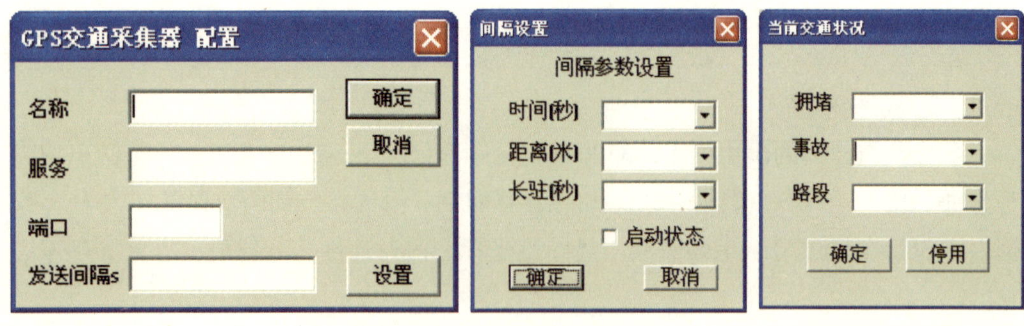

图2-6　基于PDA的GPS采集系统界面

（4）实时数据处理系统。

北京市浮动车实时路况计算系统界面如图2-7所示。

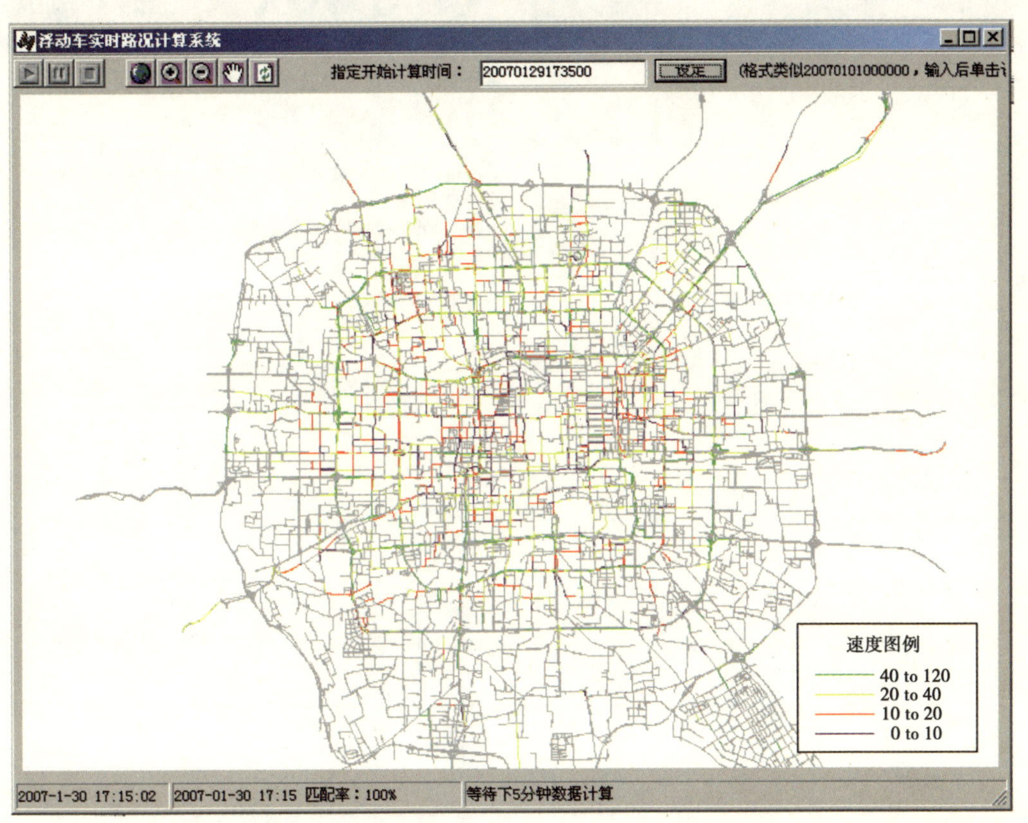

图2-7　北京市浮动车实时路况计算系统界面

本系统以北京市五环路内作为地理计算范围，以5min为计算周期，实时计算接收到的GPS点数据，根据地图匹配结果计算平均旅行速度，最后统计生成上5min的路网速度专题图。

（5）浮动车数据分析系统。

经过GPS数据采集、发送、接收、预处理、匹配、路径搜索等一系列处理过程，浮动车数据已经由最原始的GPS数据转变为带有路段标识的速度信息。FCD数据分析系统的功能是按照系统用户的要求，以直观的方式统计、分析和显示一定时间段、一定区域内道路的速度状态及其变化情况，为交通管理、交通规划及科研部门提供参考。

浮动车数据分析系统的模块功能如表2-1所示。

表2-1 FCD应用系统模块划分及模块功能说明

序号	模块名称	模块功能描述
1	路网运行速度分析模块	绘制各等级道路或具体路段年、月、日的速度图、速度变化趋势、速度对比曲线等
2	拥堵分析模块	1.按照指定的拥堵标准，绘制某时段内路网中拥堵路段分布图 2.绘制图网服务水平专题图
3	出租汽车运营指标分析模块	出租汽车空驶率分析
4	路网等时线绘制模块	绘制吸引点的旅行时间等时线

图2-8是2006年12月19日，5:00~22:00浮动车数据分析系统的全市路网各等级道路速度变化曲线图。

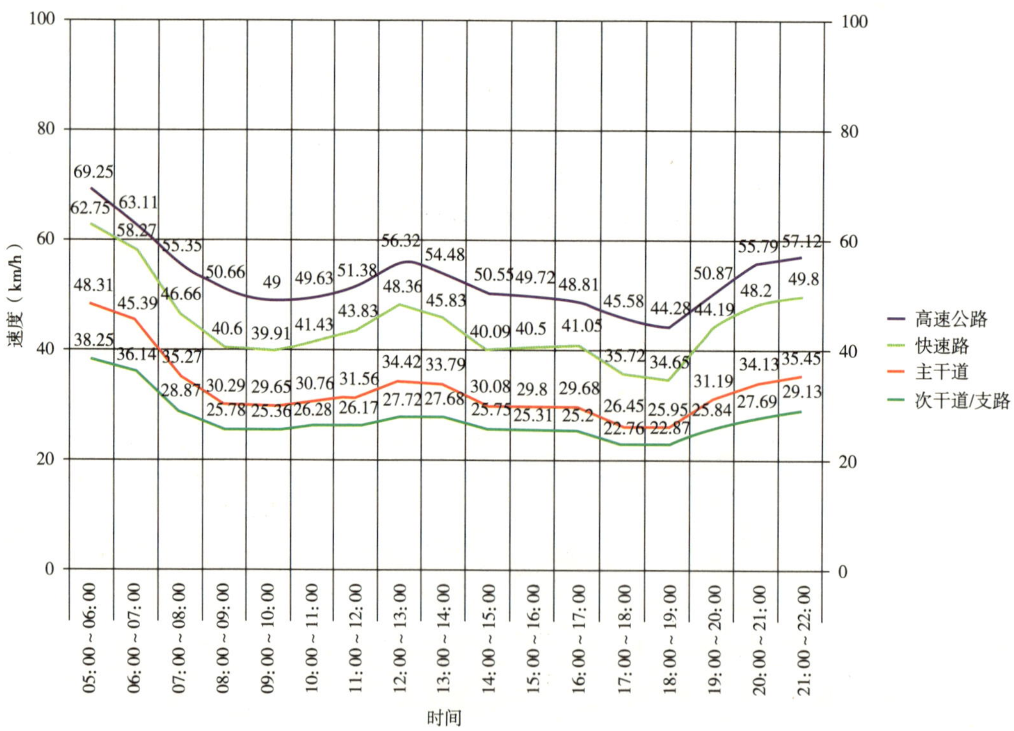

图2-8 全市路网各等级道路速度变化曲线

（6）RDS－TMC信息发布实验系统。

交通信息广播频道（Radio Data System－Traffic Message Channel，简称为TMC或RDS-TMC）是广播数据系统（Radio Data System，RDS）在交通领域的具体应用，是通过RDS方式发送实时交通信息和天气状况的一种开放式数据应用（Open Data Applications，简称ODA）。

在浮动车数据处理系统及事件检测系统的基础上，开发出一套RDS－TMC信息发布系统，系统的框架如图2-9所示。

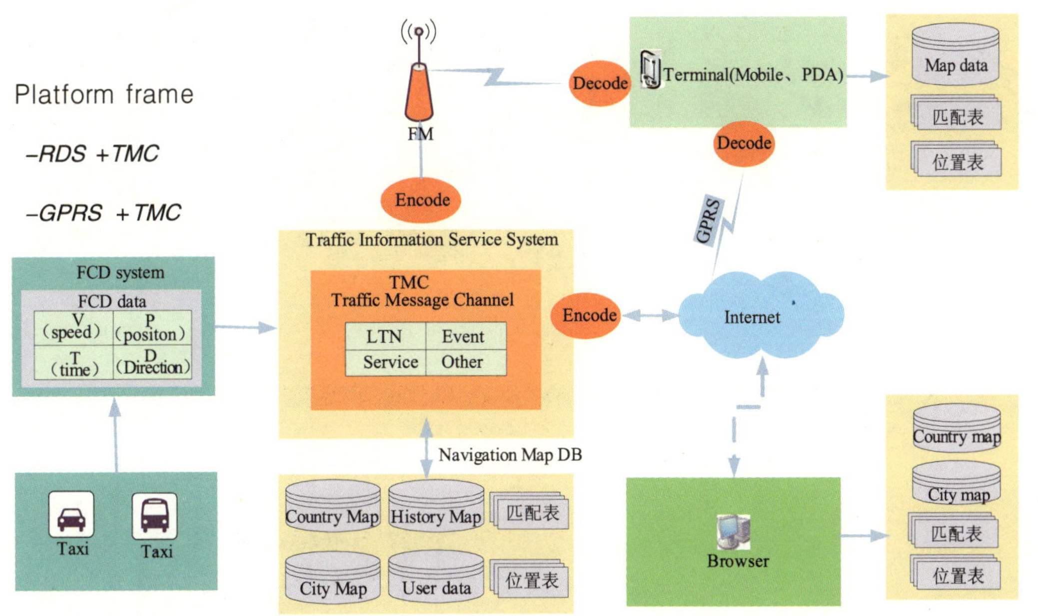

图2-9 RDS－TMC系统框架图

TMC位置表是TMC信息广播的基础条件之一。为此，开发出了TMC位置表编辑软件，并制作了覆盖北京市五环路以内、包括800多个位置点的TMC位置表。位置表编辑软件界面如图2-10所示。

交通事件的发生往往会引起车辆行驶速度的变化。因此，由浮动车系统生成的速度信息可探测到交通事件的发生。

由浮动车数据生成TMC信息的TMC信息编辑系统（图2-11）除了具有自动从浮动车系统生成的结果中检测事件的功能外，还具备手工输入TMC信息的功能，以满足不能自动检测的事件的需要。

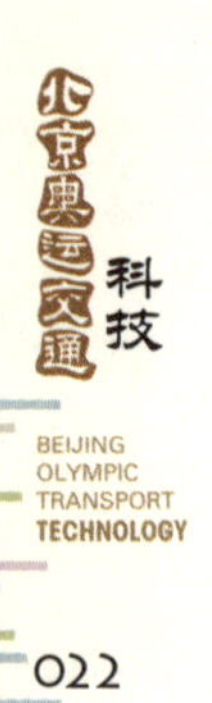

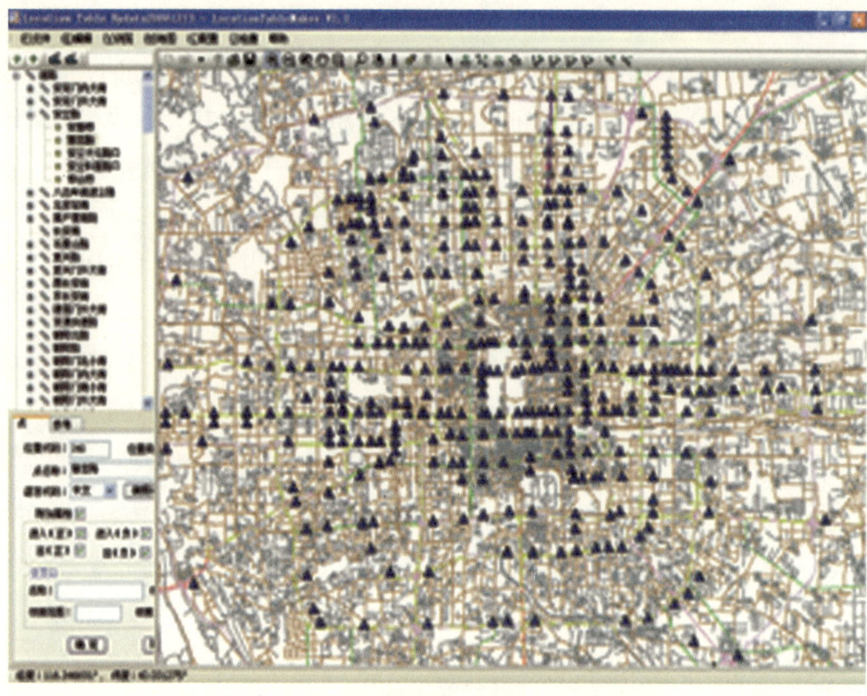

图2-10　位置表编辑软件界面

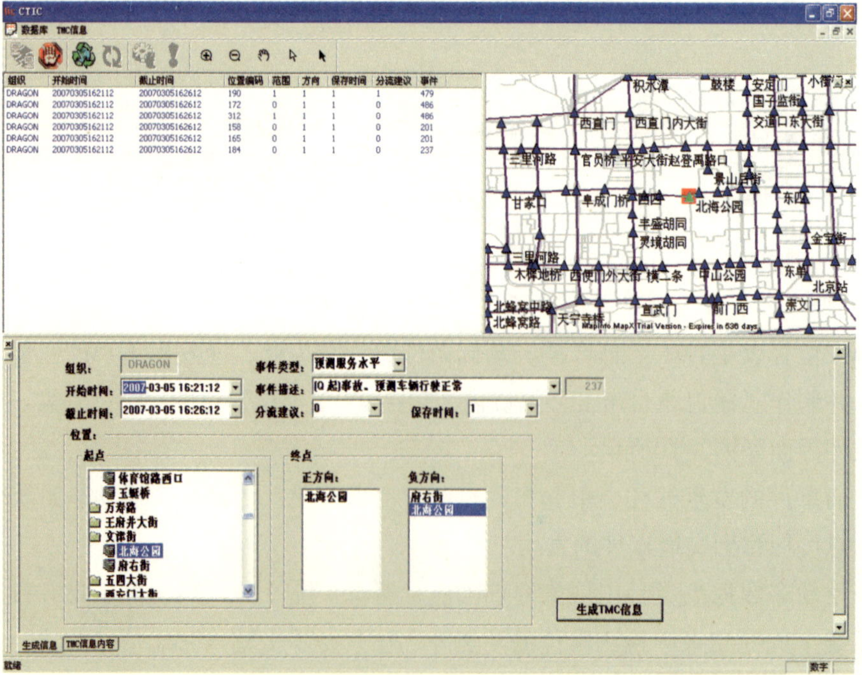

图2-11　由浮动车数据生成TMC信息程序的界面

2.1.2 交通拥堵评价指标体系

近年来，发达国家交通管理部门和研究机构开展了大量的交通拥堵评价相关研究。欧洲、美国、日本等建立了比较完善的拥堵评价指标体系，如美国的畅通性研究报告（Mobility Report）和交通拥堵评价系统（Congestion Management System，简称CMS），其他国家也结合自身实际，提出了一些有特色的研究方法。

我国近年来开展了对于城市总体交通运行质量评价的项目，积累了有关交通拥堵评价的经验。其中，为综合评价各城市的道路交通管理水平，指导“畅通工程”的开展，公安部和建设部制订了城市道路交通管理评价体系；在上海城市综合交通规划研究所负责编制的《2002上海城市综合交通发展报告》中，提出了综合反映道路运行质量的道路交通指数模型。

进行交通拥堵评价，首先是对评价指标的选取。目前，在交通拥堵指标的筛选上，基本遵循以下原则：

（1）拥堵强度：拥堵的强弱程度，通过评价交通拥堵与拥堵标准的对比来反映拥堵的影响轻重程度；

（2）拥堵范围：拥堵的影响范围，通过评价交通拥堵的空间分布和数量来反映拥堵的地理分布特征；

（3）拥堵时间：拥堵的持续时间，通过评价交通拥堵的时间分布和延续来反映拥堵的时间分布特征。

在大量浮动车、检测器等实测、调查数据资源的基础上，结合北京市交通运行的实际情况和交通拥堵的基本态势，确定北京市交通拥堵评价的内容，有针对性地提出了由15个评价指标构成的评价体系，包含综合指标和特征指标两个层次。交通拥堵评价指标见表2–2。

其中综合指标用于总体刻画全市路网或者特定区域的交通拥堵程度、时间和空间范围以及发展趋势，实现对交通拥堵的“多维”描述，便于宏观把握交通系统的总体运转状况，明确交通拥堵的变化趋势和时空演化规律，了解道路网运行的薄弱环节，从而为政府部门制订长期的拥堵治理措施提供基础信息。各指标的含义及具体量化取值如下所述。

K1：道路网交通拥堵指数。道路网交通拥堵指数是评价路网畅通拥堵程度的综合指标。该指标值的大小代表不同的交通运行状态和拥堵程度，值越大表明评价时段内的道路运行状态越差，拥堵越严重；反之，则运行状态越好，拥堵程度越轻。交通拥堵指数以[0，10]之间的数值表示，对应五个交通拥堵级别（表2–3）。

表2-2　交通拥堵评价指标

指标分类	特性分类	指标编号	指标名称
综合指标	总体拥堵程度	K1	道路网交通拥堵指数
	拥堵影响范围	K2	道路网各拥堵级别里程比例
	拥堵持续时间	K3	分时段道路网拥堵级别
	交通瓶颈点段	K4	重点拥堵点段数量及分布
特征指标	道路运行状态	J1	道路平均行程速度
		J2	道路平均负荷度
		J3	道路平均行程延误
		J4	道路平均停车次数
		J5	道路平均停车时间
	交叉口运行状态	J6	交叉口平均饱和度
		J7	交叉口平均等待时间
	公交服务水平	J8	常规公共交通平均速度
		J9	常规公共交通准点率
		J10	常规公共交通可靠性
		J11	常规公共交通非停站停车时间比例

表2-3　交通拥堵指数分级标准

颜　色					
拥堵级别	非常畅通	畅通	轻度拥堵	中度拥堵	严重拥堵
拥堵指数	[0，2]	(2，4]	(4，6]	(6，8]	(8，10]

利用2006年和2007年大量的浮动车速度数据，对各等级道路平均速度进行分析，建立了各等级道路的拥堵状态判别速度标准（表2–4）。

表2–4　各等级道路状态判别速度参考标准表（单位：km/h）

道路等级	非常畅通	畅通	轻微拥堵	中度拥堵	严重拥堵
快速路	>65	(50,65]	(35,50]	(20,35]	≤20
主干道	>45	(35,45]	(25,35]	(15,25]	≤15
次干道和支路	>35	(25,35]	(15,25]	(10,15]	≤10

K2：道路网各拥堵级别里程比例。道路网各拥堵级别里程比例是指各等级道路和路网处于不同交通拥堵等级状态下的里程比例，该指标能够表现交通拥堵在空间上的覆盖范围和演化趋势。

K3：分时段道路网拥堵级别。分时段道路网拥堵级别是指一日内道路网所处交通拥堵等级的演变及其相应的持续时间，该指标能够从时间的角度表现交通拥堵的演化趋势。道路网交通拥堵指数评价等级参照表2–3。

K4：重点拥堵点段数量和分布。重点拥堵点段数量和分布是指一定区域范围内，常发性严重交通拥堵点段的数量及其空间分布状态。判别各等级道路处于严重拥堵状态的速度标准参照表2–4。该指标的获取将有助于交通部门掌握城市交通系统的薄弱环节，并以此为基础，科学制订疏堵预案与措施。

2.1.3　奥运交通运行监测

以北京市浮动车系统采集到的大量数据为基础，综合利用拥堵评价指标体系的综合指标和传统的速度指标，从交通拥堵强度、交通拥堵空间分布、交通拥堵时间分布、路网运行速度等“四维”角度，对奥运前（2008年7月1日～7月19日）、奥运会残奥会期间北京市五环路内道路网运行状况进行对比分析。

2.1.3.1　交通拥堵评价

（1）交通拥堵强度。

根据交通拥堵指数的计算方法，利用奥运期间的监测数据，得到奥运前及奥运期间的道路网交通拥堵指数（表2–5）。

表2-5　道路网交通拥堵指数

7月1日～7月19日		7月20日～8月27日		8月28日～9月20日	
工作日	周末	工作日	周末	工作日	周末
6.14	2.35	2.49	1.58	2.92	1.58

奥运会（2008年8月8日～8月24日）和残奥会（2008年9月6日～9月17日）期间交通拥堵指数分别为2.45和3.22，与单双号限行前相比路网运行状况明显改善，处于“畅通”等级。

从日交通拥堵指数变化可以看出，单双号限行前工作日处于“中度拥堵”或“轻度拥堵”等级；2008年7月20日后工作日多处于“畅通”等级，其中2008年8月8日和8月24日（奥运会开幕式、闭幕式当天）路网交通运行顺畅，皆为“非常畅通”等级；自中小学开学以来，工作日交通拥堵指数有所上升，除个别工作日外，总体仍处于“畅通”等级（图2-12）。

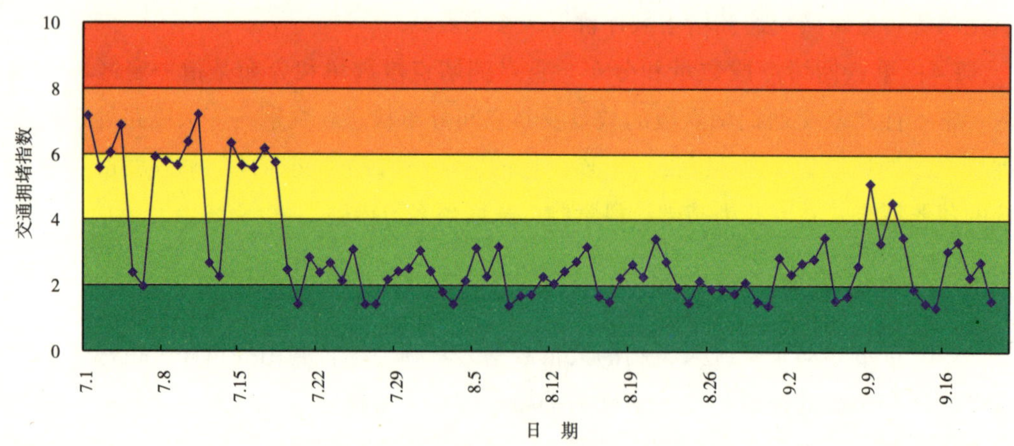

图2-12　日交通拥堵指数变化（7月1日～9月20日）

以15min为间隔进行交通拥堵状况的跟踪分析，可以发现在各奥运交通保障政策措施实施后，工作日早晚高峰交通拥堵明显缓解，早高峰的出现时间向后延迟了大约30min，且“削峰”的效果非常显著（图2-13）。

（2）交通拥堵空间分布。

交通拥堵里程比例用于反映拥堵影响的空间范围。总体来看，自2008年7月20日以来，路网各等级道路早晚高峰严重拥堵里程比例和拥堵里程比例（含严重拥堵、中度拥堵和轻度拥堵状态）皆呈现明显下降趋势（表2-6、表2-7）。

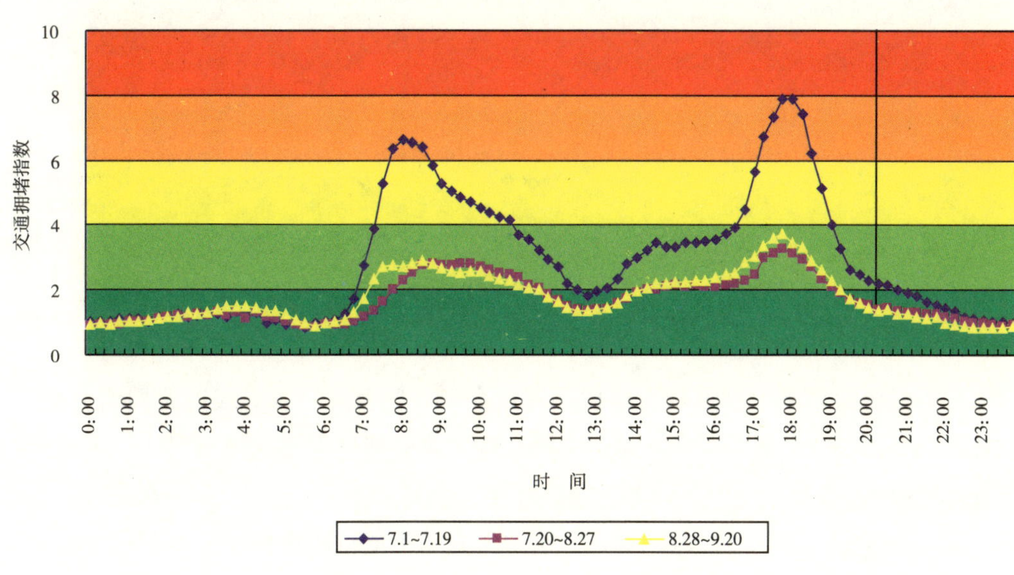

图2-13　各阶段工作日分时段交通拥堵指数

表2-6　奥运会残奥会期间道路严重拥堵里程比例（工作日，%）

道路等级	7月1日～7月19日		7月20日～8月27日		8月28日～9月20日	
	早高峰	晚高峰	早高峰	晚高峰	早高峰	晚高峰
快速路	9.5	11.6	3.3	4.8	3.5	5.0
主干道	13.2	16.7	5.4	7.7	6.7	8.5
次干道及支路	6.9	8.6	3.1	4.0	4.2	4.6
路网	10.1	12.6	4.1	5.7	5.2	6.4

（其中，早高峰7:00～9:00，晚高峰17:00～19:00）

表2-7　奥运会残奥会期间道路严重拥堵里程比例（工作日，%）

道路等级	7月1日～7月19日		8月8日～8月24日		9月6日～9月17日	
	早高峰	晚高峰	早高峰	晚高峰	早高峰	晚高峰
快速路	9.5	11.6	2.9	4.9	4.3	6.4
主干道	13.2	16.7	5.2	7.9	7.4	9.6
次干道及支路	6.9	8.6	3.1	4.0	4.6	5.1
路网	10.1	12.6	4.0	5.8	5.7	7.3

（其中，早高峰7:00～9:00，晚高峰17:00～19:00）

与实施机动车单双号限行前相比，奥运会和残奥会期间各等级道路拥堵里程比例明显减小，其中，奥运会期间路网早晚高峰严重拥堵里程比例分别下降6.1和6.8个百分点，残奥会期间分别下降4.4和5.4个百分点。

路网拥堵里程比例如图2-14所示，各等级道路拥堵里程比例如图2-15所示。

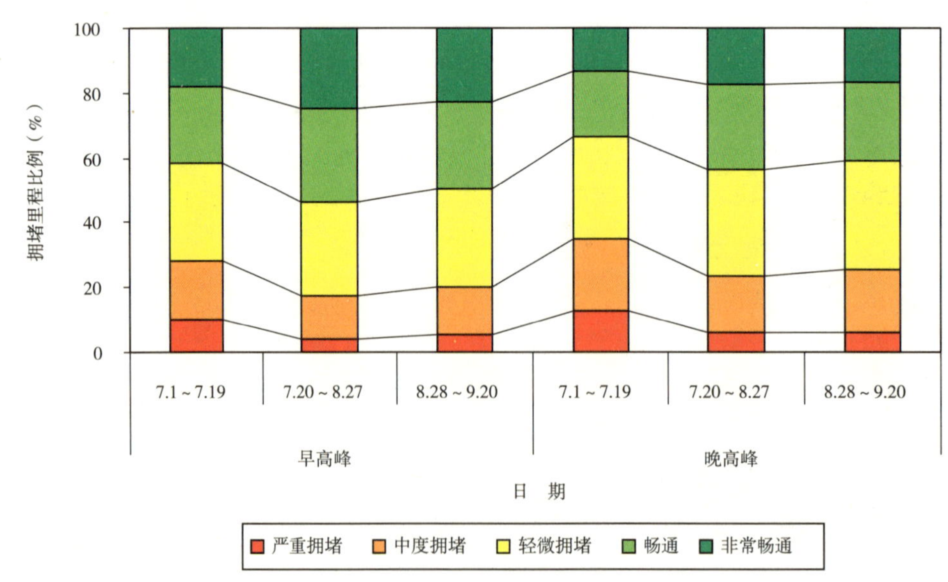

图2-14　路网拥堵里程比例

（3）交通拥堵时间分布。

从交通拥堵持续时间来看，2008年7月20日后未出现交通拥堵状态，道路网受交

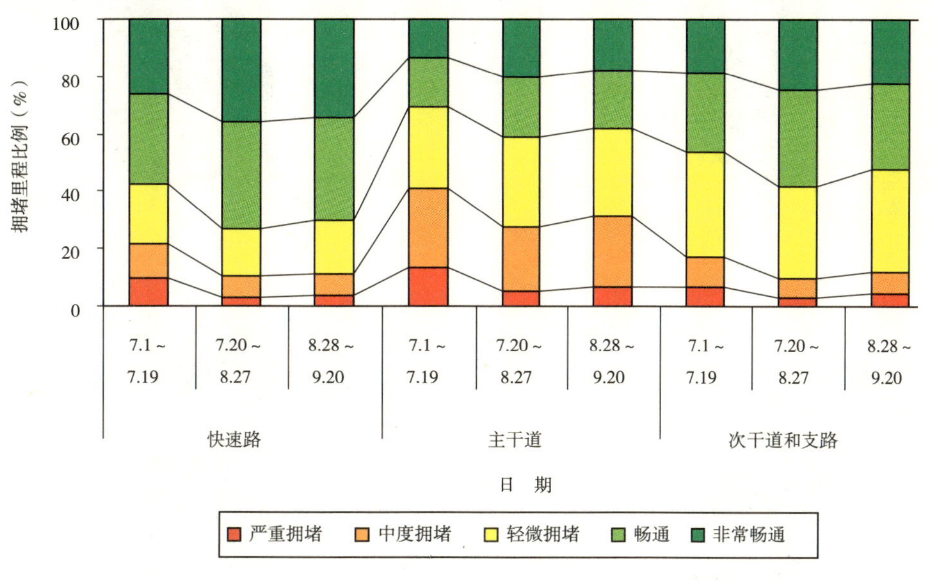

图2-15 各等级道路拥堵里程比例

通拥堵影响时间（含严重拥堵、中度拥堵和轻度拥堵状态）由5h45min降为0h。拥堵时间统计及分布见表2-8，图2-16。

表2-8 拥堵时间统计（单位：h）

拥堵级别	7月1日～7月19日	7月20日～8月27日	8月28日～9月20日
严重拥堵	0	0	0
中度拥堵	2.5	0	0
轻度拥堵	3.25	0	0
畅　通	7.5	8.75	9.25
非常畅通	10.75	15.25	14.75

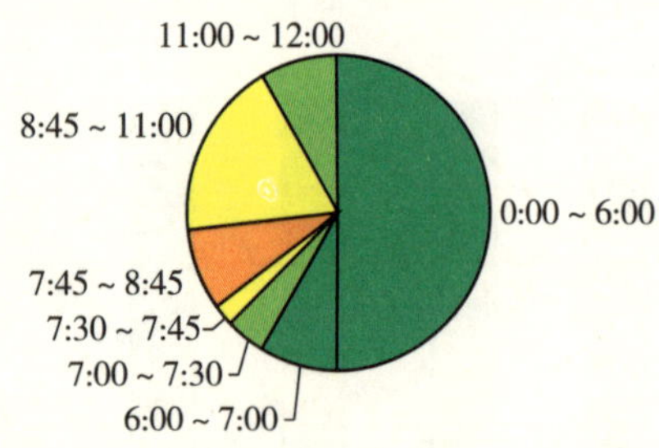

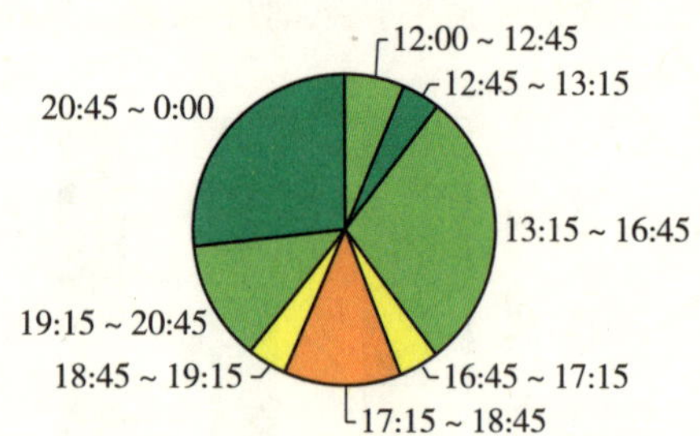

a）

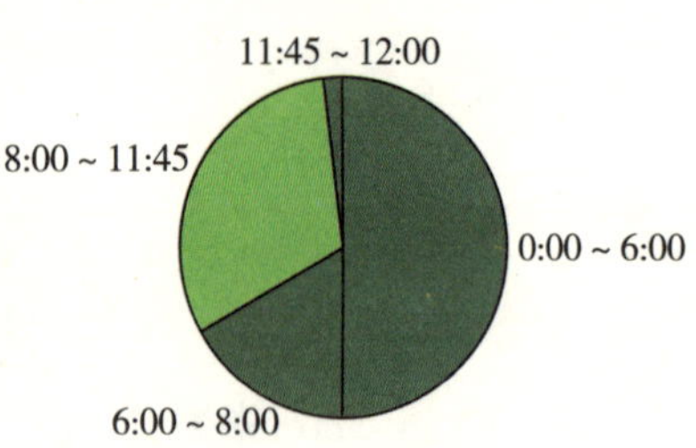

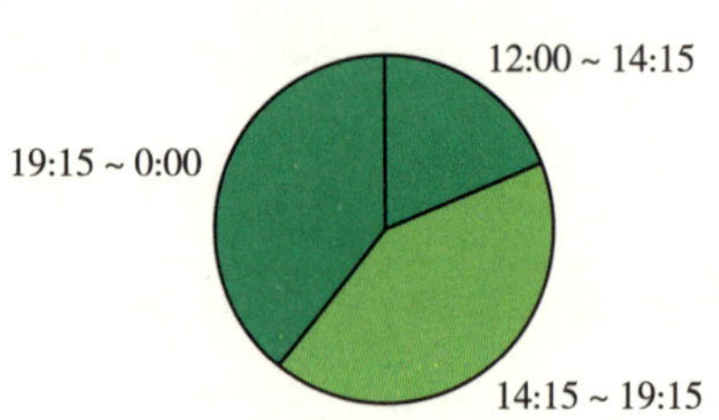

b）

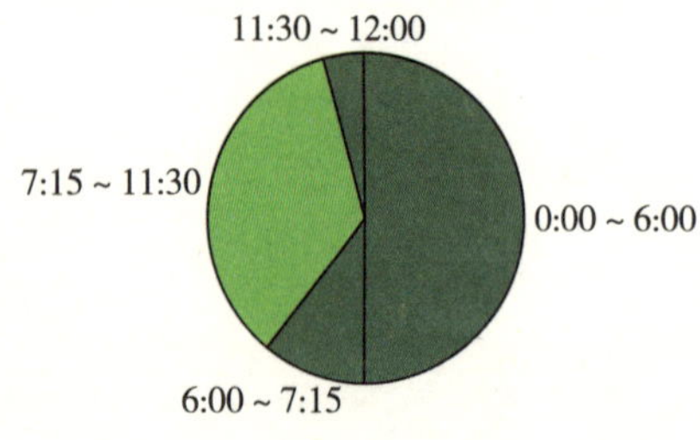

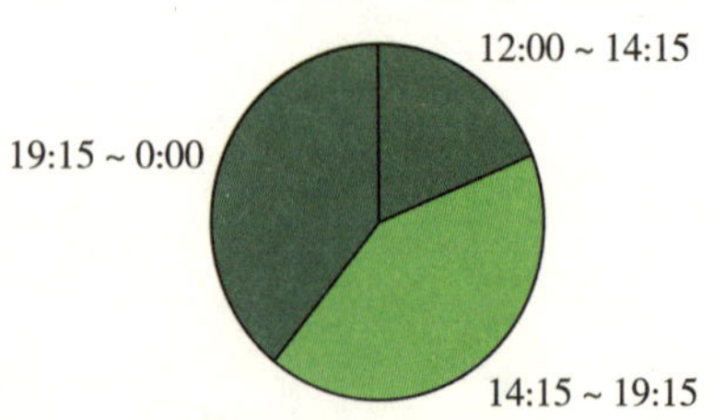

c）

图2-16　拥堵时间分布图（工作日）

a）7月1日~7月19日；b）7月20日~8月27日；c）8月28日~9月20日

2.1.3.2　路网运行速度

（1）路网整体运行速度。

① 总体来看，奥运会残奥会期间交通运行顺畅，与单双号限行前相比，奥运会赛事期间路网早晚高峰速度分别提高26.9%和22.8%，残奥会赛事期间分别提高16.9%和19.6%（表2-9、表2-10）。

表2-9　奥运会和残奥会期间五环路内道路速度情况（工作日，单位：km/h）

道路等级	早高峰			晚高峰		
	7月1日~7月19日	7月20日~8月27日	8月28日~9月20日	7月1日~7月19日	7月20日~8月27日	8月28日~9月20日
快速路	34.4	43.3	42.1	29.5	38.6	38.2
主干道	22.3	28.0	26.5	19.8	24.2	23.9
次干道和支路	19.4	23.8	22.2	17.4	21.3	20.5
全路网	23.5	29.3	27.8	20.7	25.8	25.3

表2-10　奥运会和残奥会期间五环路内道路速度情况（工作日，单位：km/h）

道路等级	早高峰			晚高峰		
	7月1日~7月19日	8月8日~8月24日	9月6日~9月17日	7月1日~7月19日	8月8日~8月24日	9月6日~9月17日
快速路	34.4	44.2	41.2	29.5	37.6	36.9
主干道	22.3	28.5	26.2	19.8	23.8	23.5
次干道和支路	19.4	24.1	22.0	17.4	21.2	20.2
全路网	23.5	29.8	27.5	20.7	25.4	24.8

② 2008年8月28日单双号限行范围的缩小（至五环路内）并未显著影响市区路网的整体运行情况，受中小学开学的影响，残奥会期间路网速度应声小幅回落，但仍保持在较高的运行水平上（图2-17~图2-19）。

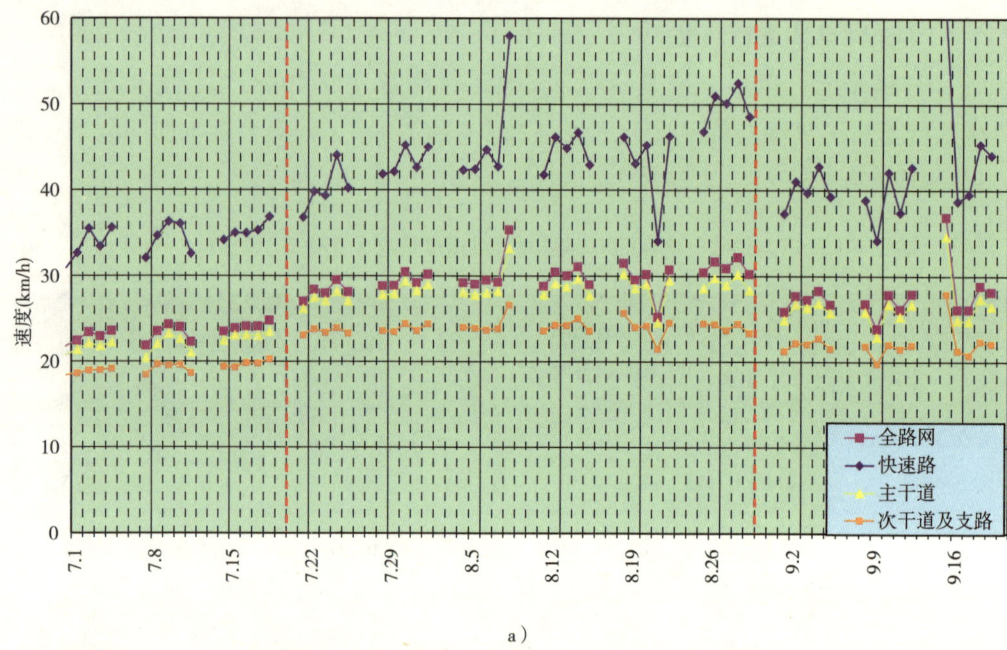

a）

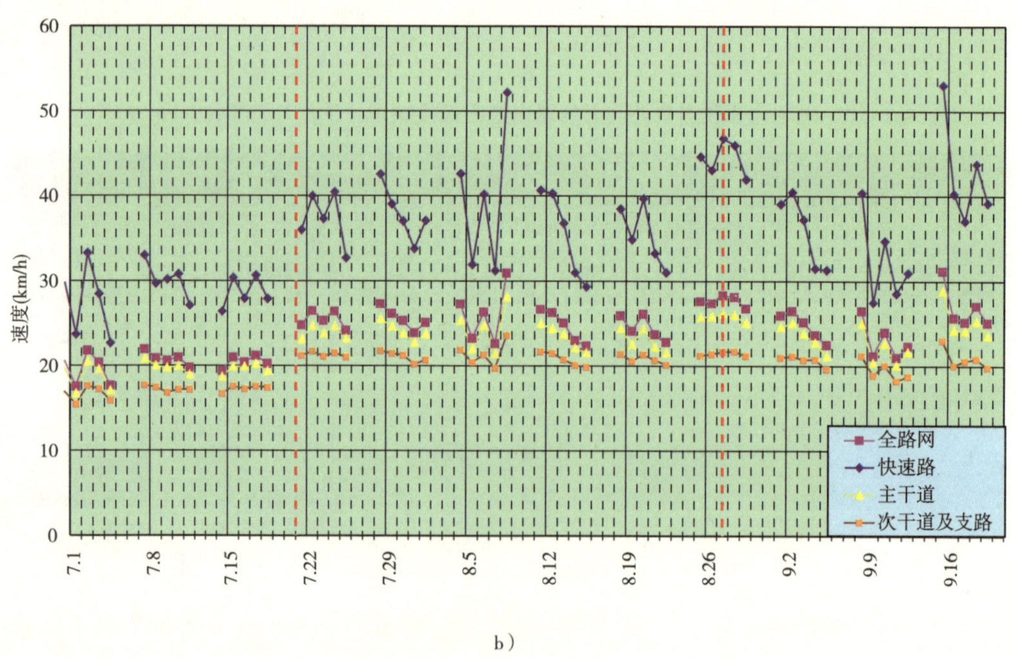

b）

图2-17　各等级道路早、晚高峰速度跟踪监测图（工作日）

a）早高峰平均速度（工作日）；b）晚高峰平均速度（工作日）

③ 从运行速度时间变化来看，奥运会残奥会期间路网早高峰出现时间向后延迟约30min，全日高峰时段与平峰时段的速度差异显著减小，"削峰填谷"的效果明显。

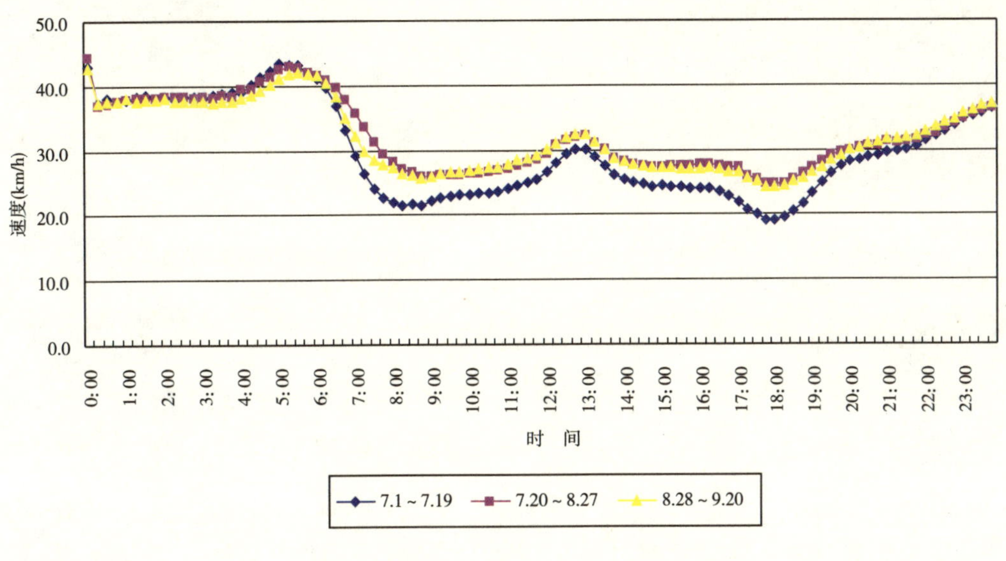

图2-18　五环内路网速度对比图

④ 从运行速度空间变化来看，奥运会残奥会期间受拥堵影响区域明显减小；拥堵主要集中在奥林匹克公园和其他赛事场馆周边；受赛事活动安排的影响，晚高峰比早高峰拥堵严重。

（2）施画奥运专用道的道路运行速度。

为保障奥运会的顺利进行，在北京道路网部分路段上施画了奥运专用道，2008年7月20日开始启用，总里程280km。2008年8月28日起，分时、分段启用了若干残奥专用道，总里程209.9km，比奥运专用道缩短了70多千米。

奥运（残奥）专用道的启用致使部分路段通行能力下降。选取二环路和四环路（快速路），长安街（主干道）、八达岭高速（联络线）等典型路段，对施画了奥运（残奥）专用道的道路速度进行分析（表2-11）。

从图2-20中可以看出，施画奥运专用道的部分道路从专用道启用前，到奥运会期间，绝大多数路段速度不断提高，2008年8月25日～8月31日期间（奥运专用道启用与残奥专用道启用的过渡期）各路段速度达到最高值，2008年9月1日中小学开学后这些路段早晚高峰速度显著降低，甚至回落到单双号限行前的水平。

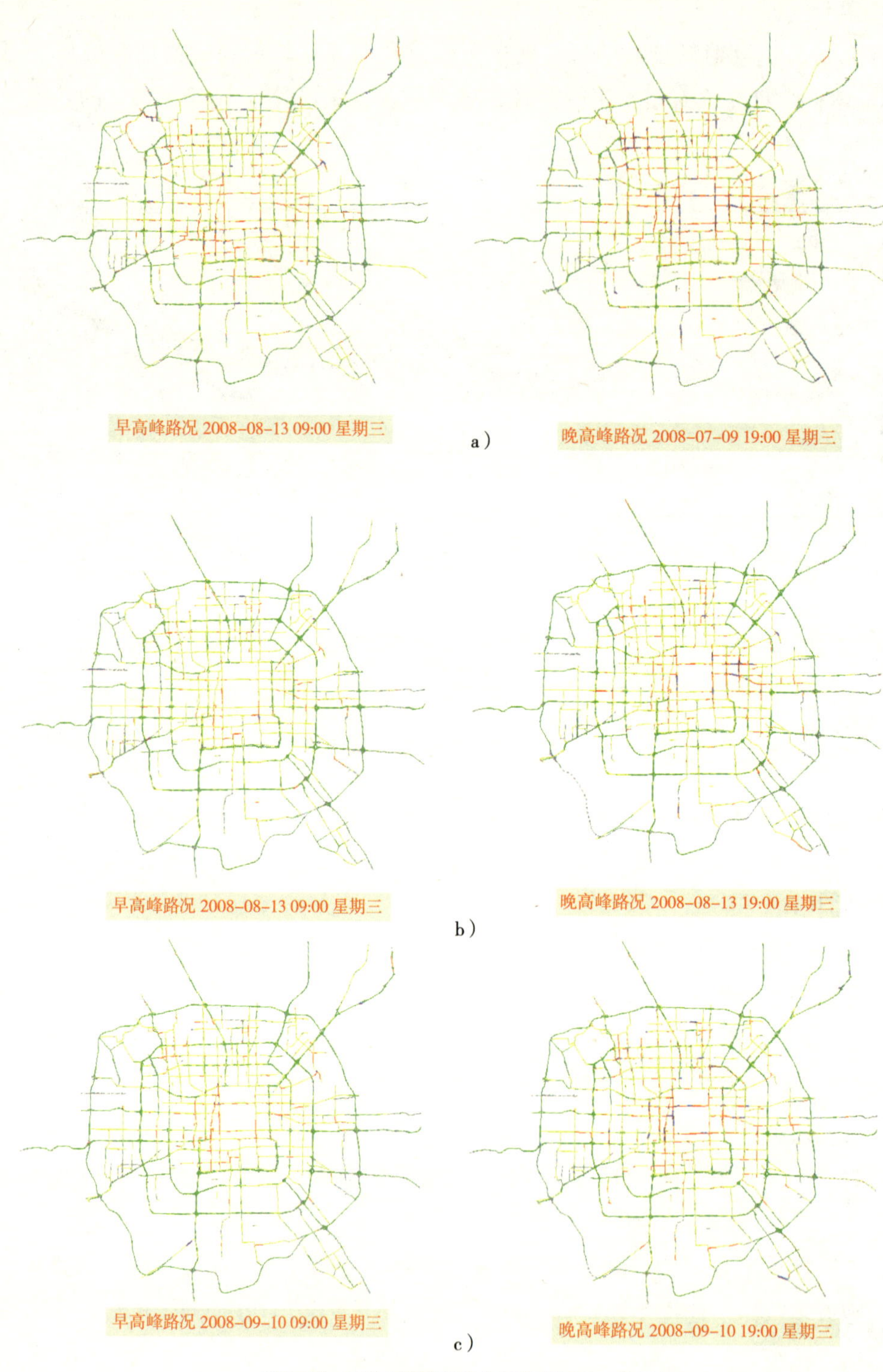

a）

b）

c）

图2-19　五环内道路早晚高峰速度图（工作日）

a）7月9日早晚高峰；b）8月13日早晚高峰；c）9月10日早晚高峰

表2-11　施画奥运专用道的道路运行速度（工作日，单位：km/h）

道路类别		早高峰平均速度			晚高峰平均速度		
		7月1日～7月19日	7月20日～8月27日	8月28日～9月20日	7月1日～7月19日	7月20日～8月27日	8月28日～9月20日
快速路	二环路	31.4	38.5	33.3	18.1	27.0	27.1
	四环路	44.8	54.0	50.6	33.9	47.8	46.4
主干道	长安街	23.2	29.2	28.2	19.8	22.6	24.0
联络线	八达岭高速	38.3	41.9	40.0	36.1	36.0	33.6

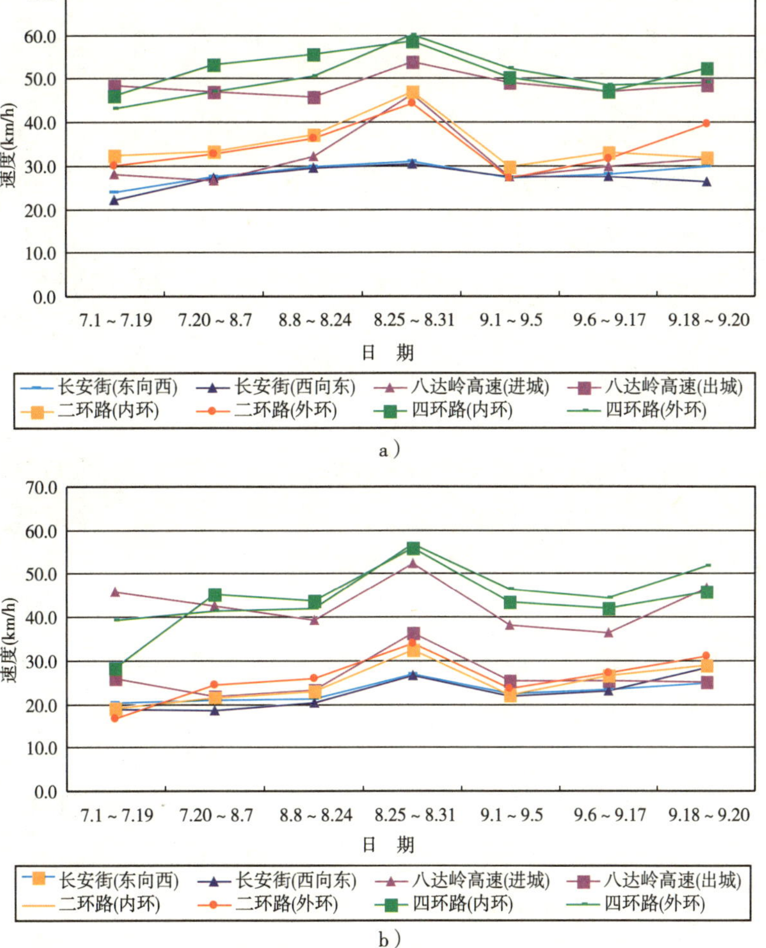

图2-20　奥运专用道的道路运行速度跟踪监测图（工作日）

a）早高峰；b）晚高峰

2.1.4 技术创新

2.1.4.1 实现全路网无盲区实时运行数据采集与处理

（1）首次提出并建立了高覆盖、大规模城市动态交通信息实时获取系统。详细到支路的全路网覆盖，解决了传统固定检测技术覆盖范围小、仅能采集瞬时点速度、建设成本高的“痼疾”。

（2）自主研发的基于路径搜索的实时地图匹配和速度估算技术、分布式并行处理技术，解决了城市复杂路网主辅路并行和立交匝道的地图匹配难题，匹配准确率达到95%以上，速度估算精度达到86%以上。

（3）提出并验证了区间旅行速度时空集成算法，解决了单车状态与车流区间状态的代表性问题。快速路速度估算精度达到92%以上，主干路旅行速度估算精度达到86%以上。

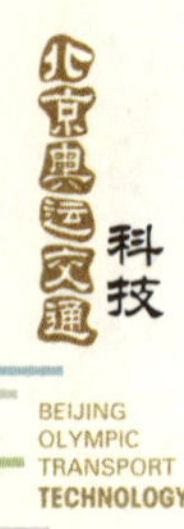

（4）首次提出基于CUSUM算法的交通异常状态（事件）在线检测模型，实现了交通事件的自动甄别，与国外最好的美国UCB模型相比，在同一误报率下，检测率提高10%以上。

（5）首次提出并建立了城市广域路网实时监测和历史趋势分析相结合的运行分析体系和技术。实现了任意道路、自定义路径的“指向型”监测，任意时段的对比分析，解决了交通系统运行实时监测和规律分析缺乏便捷手段的难题。

（6）首次提出基于大样本出行轨迹的交通网络特征分析技术，实现了出行轨迹提取、出行OD时空分布等的城市交通供需时空分布分析。首次提出基于车辆行程数据的路网结构和功能层次分析技术。解决了交通出行人工调查样本量少、无法进行大样本细致出行特征提取和路网结构诊断分析的难题。

2.1.4.2 建立全路网实时运行动态评价平台

（1）首次创建并应用能够反映路网整体运行水平（拥挤度或畅通度）的指标和评价技术方法。该成果迄今在国内外尚属首创。应用此评价系统可从“拥堵强度”、“拥堵空间分布”、“拥堵发生和持续时间”、“拥堵发生频度”及“路网运行稳定性”的“五维”特征，全方位、定量地反映城市交通拥堵的状况和演变规律，解决了国际上长期以来在路网系统运行实时监测与评价领域没有解决的一大难题。

（2）提出了拥堵等级阈值标定技术。综合使用问卷调查、频数分析、实际数据验证方法确定拥堵等级阈值，可灵活应用于不同城市的动态运行评价。

（3）首次实现我国城市内和城市间的横、纵向交通拥堵对比分析，直接应用于疏堵工程，填补了国内空白。

2.2 公共交通运行监测

2.2.1 系统建设

2.2.1.1 系统概述

北京奥运会期间，对北京市公共交通系统进行实时监测和数据分析主要是通过市政交通一卡通IC卡应用系统来实现。

北京市政交通一卡通IC卡应用系统项目（以下简称一卡通系统）是为贯彻落实北京市政府“数字北京”的战略目标、推动信息网络技术在城市建设和管理领域应用的号召下，根据国家金卡办信息产业部提出的“五统一”原则和建设部提出的“一卡多用、统一发卡”原则实施的。该项目被列入2003年、2004年、2005年和2006年北京市政府为市民办的实事之一，同时，也是2008年北京奥运会的重点建设工程之一。

北京市政交通一卡通系统已经开通和运营包括一卡通总结算中心、安全中心、发卡中心、客服中心，以及包括公交、地铁和出租汽车等在内的35个系统分中心。设立数据采集点1400多个，安装读卡机11万台，设立遍布全市的售卡充值服务网点1000多个，24h的电话和网络服务。

目前，北京市政交通一卡通卡已经在公交、地铁、出租汽车全面应用，同时在全部P+R停车场和部分社会停车场应用。超过2000家超市、便利店、快餐厅、药店、糕饼店、影剧院实现刷卡付费，5000余部公用电话上也可刷卡打电话，一卡通在宾馆酒店、公园景点、体育健身、中小学校和街道社区的应用也正逐步得到普及和推广。

截至2009年4月30日，北京市政交通一卡通清算系统已经接入18家公交单位（包括远郊区县），9条轨道交通线路、256家出租汽车单位、上千个充值网点，累计发卡量已达到2800万张，累计交易量突破113亿笔，日均发卡量1.6万张，日均交易量1500万笔。2008年7月份硬件扩容升级后，北京市政交通一卡通清算系统处理能力达到了1h内处理350万笔交易量，日处理交易量可达4000万笔。市政交通一卡通系统的启动为北京市公共交通的改革和发展提供了坚实的数据基础。从2006年底开始，对一卡通IC卡数据进行深入地处理、分析，并开发了“一卡通IC卡数据处理及分析系统”，从IC卡数据中分析得到全市公共交通的运营信息、客流信息，并将成果应用到实际工作中。

2.2.1.2 国内外研究现状

近些年来，随着智能卡的普及应用，国内外很多城市都在市政交通领域推广、实施智能卡系统。

（1）国内研究现状。

截至2005年年底，我国实施城市公交IC卡收费系统的城市已超过120多个，总共发出的公交IC卡超过7000万张。

杭州市2001年开始使用城市通卡，共发行了250万张，日刷卡量在100万人次左右，公交日客运量中IC卡的比率约为70%。城市通卡可用于地面公交、出租汽车、路面停车、水上巴士。刷卡采用一票制、上车一次刷卡方式，记录内容仅有上车时间，没有上、下车位置及下车时间等信息。除了用于结算，IC卡的交易数据主要用于24h登量的统计。

南京市的公交IC卡——金穗卡日刷卡量在180万人次左右。金穗卡可用于地面公交、地铁和轮渡。刷卡采用一票制，即上车刷卡一次，仅记录上车刷卡时间。刷卡数据用于统计线路和车辆的日客运量、24h登量分布，通过线路的总登量辅助进行线路调整。

广州市的公交IC卡——羊城通卡已发售600万张，日刷卡量300万人次，约占日客运量的35%～40%。羊城通卡能够用于地铁、公交、便利店、菜市场、电影院、出租汽车、停车场等的缴费，已经覆盖了佛山、顺德。刷卡采用一票制，仅上车刷一次，记录上车刷卡时间。

香港的公交IC卡——八达通卡已有十多年的使用历史，90%以上的公交出行均使用八达通卡。八达通卡普遍应用在地铁、公交、便利店、菜市场、电影院、出租汽车、停车场、公用电话等日常生活中，成为港人的重要支付工具。刷卡采用一票制，仅上车刷卡一次，记录上车刷卡时间。刷卡数据主要应用于运输署对各公司运营收入情况的监督以及校核公交调查的数据。

（2）国外研究现状。

1996年韩国首尔市开始使用IC卡收费系统，2007年首尔市90%的公交乘客和75%的地铁乘客使用IC卡，并在2004年开始推广装备GPS的分段计价IC卡系统。结合GPS数据和公交IC卡数据对不同类型线路的不同时段乘客的刷卡规律、运行速度等进行了分析，并利用运营公司的调查结果进行了验证。

日本的神户大学利用地铁的IC卡交易数据分析乘客的乘车行为。研究人员用乘客的出行时间来优化列车行车计划，以提高地铁的服务质量，并利用新政策实施前后乘客出行的变化来评价政策的实施效果。

加拿大的蒙特利尔大学将数据挖掘技术应用到公交IC卡交易数据的分析中。研究人员利用数据挖掘技术分析不同持卡类型乘客的出行行为在时间上的差异，并准备借助空间分析手段进一步提高挖掘深度。

英国的威斯敏斯特大学将公交IC卡数据用于公共交通市场的分析，包括人均刷卡次数、乘客出行的时间和区域分布等。但是，由于所利用的交易数据也是上车刷卡，下车不刷卡，因此无法获取出行距离等信息，另外出行目的也要由调查来获取。

（3）研究现状总结。

由于国外的公交IC卡收费系统应用较早，因此许多国家和城市都开展了IC卡交易数据的分析与挖掘。但是由于交通出行结构、城市规模等的限制，多数城市的数据规模比北京要小很多。

近年来，公交IC卡系统在国内的许多城市也得到广泛应用。各个城市所采用IC卡系统的差异，使得IC卡系统的交易数据也存在很大区别。但总的来说，目前国内的IC卡系统交易数据主要用于费用结算，在交通管理方面的应用也仅限于调查结果的校核。

总体来说，世界各个城市的对IC卡收费系统的数据挖掘工作存在一定的差异，而且国内的研究基础较为薄弱。

2.2.1.3　系统框架

一卡通IC卡数据处理及分析平台的基础数据包括：一卡通IC卡数据（包括公交和地铁）、地面公交和地铁的站距表、地面公交和地铁的GIS（Geographical Information System，地理信息系统）数据（图2-21）。

一卡通IC卡数据处理及分析平台对三种基础数据进行综合处理分析，包括解析、车次识别、换乘识别等，最终得到乘客出行特征和公交运营指标。

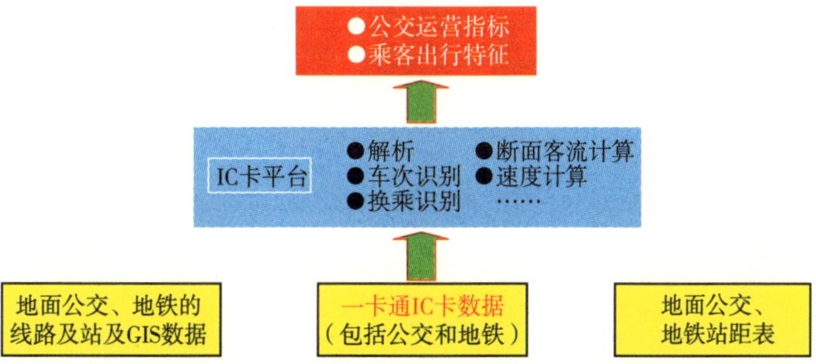

图2-21　一卡通IC卡数据处理及分析系统

（1）系统逻辑框架（图2-22）。

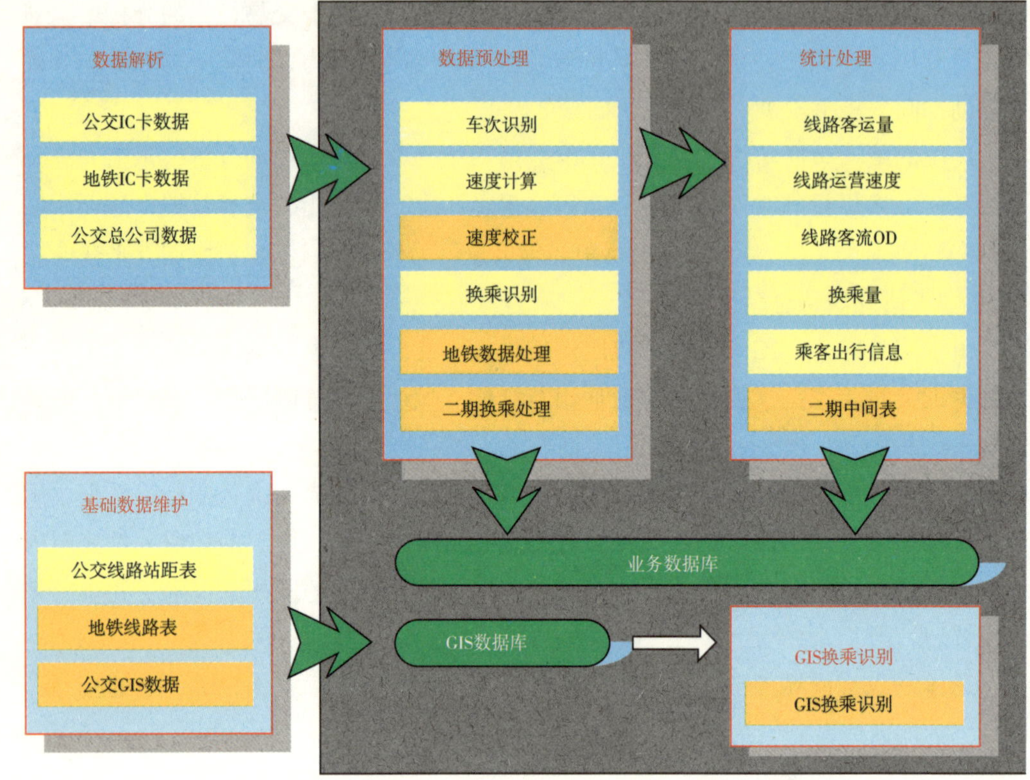

图2-22　系统逻辑框架图

（2）系统物理框架。

一卡通数据处理及分析系统的结构以C/S模式（Client/Server模式，即客户机/服务器模式。C/S模式是网络分布式应用软件的一种主要架构模式之一）为基础，分为三层结构。在数据库和客户端程序之间，设有Web服务程序（Web Service），提供查询服务，所有的查询业务逻辑均在此完成。客户端程序重点是提供用户输入、菜单选择和数据展示，在数据库服务器上保存业务数据、GIS空间数据库以及Arc GIS SDE for SQL Server[1]。考虑到GIS数据量比较大、显示时间要求比较高，所以GIS展示部分不采用三层，而是两层结构，由客户端的程序通过Arc GIS Engine直接访问Arc GIS SDE[2]（图2-23）。

[1] ArcGIS是美国ESRI公司开发的地理信息应用软件；SDE for SQL Server是基于微软数据库软件（SQL Server）的地图空间数据库存引擎软件。

[2] ArcGIS Engine是一个完整的嵌入式GIS组件库和工具包，开发者能用它创建一个新的、或扩展原有的可定制的桌面应用程序。

服务器包括两类:数据库服务器及应用程序服务器。数据库服务器上运行数据库管理系统，包括业务数据库和GIS数据库，均采用SQL Server。业务数据库是在一期数据库基础上扩充而成。GIS数据库是新增加的，包括地理基础数据、路网数据、公交和地铁线路及站点位置数据、基本路段数据、公交站组位置数据等。

应用程序服务器上运行数据处理程序、管理程序和Web服务程序。

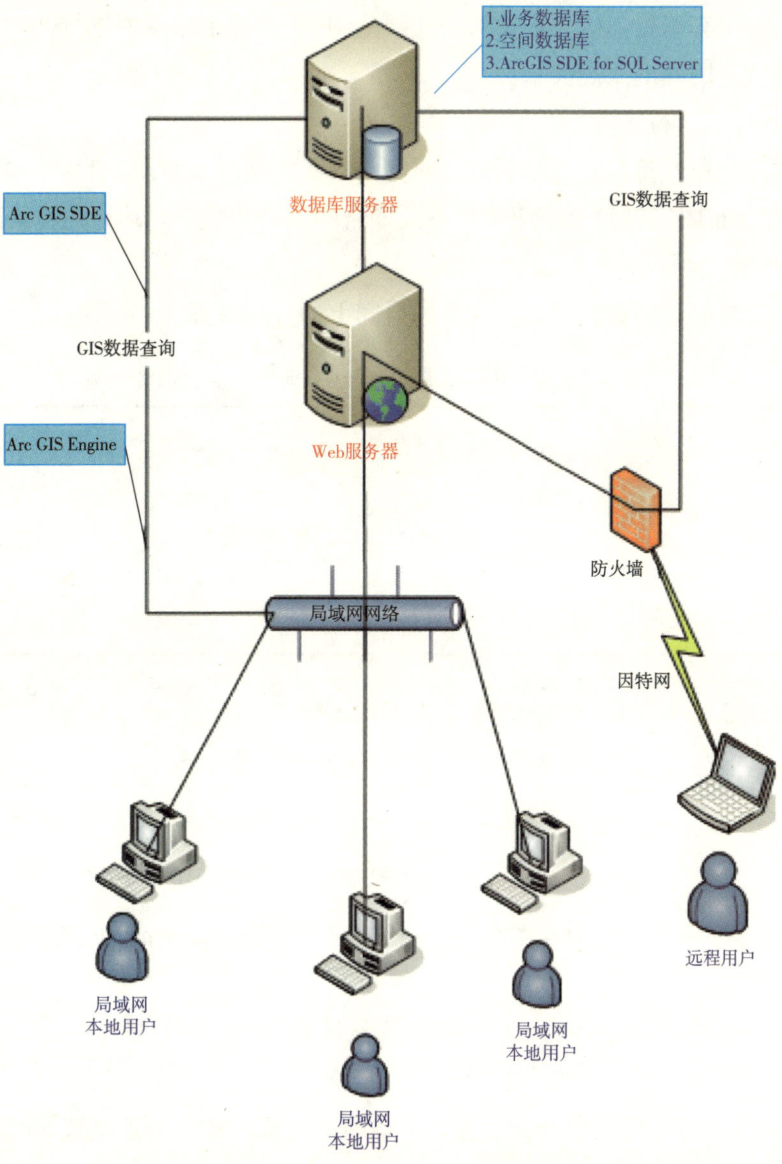

1.业务数据库
2.空间数据库
3.ArcGIS SDE for SQL Server

数据库服务器

Arc GIS SDE

GIS数据查询

GIS数据查询

Arc GIS Engine

Web服务器

防火墙

局域网网络

因特网

局域网
本地用户

局域网
本地用户

局域网
本地用户

远程用户

图2-23　系统物理框架图

2.2.2 系统应用

公共交通运行监测系统主要用于监测公交车辆的运行速度、公交断面流量以及轨道交通客运量。

2.2.2.1 公交车辆运行速度

公交线路在路网上的运行速度是在公交线路运行速度分析的基础上得到的，即全市各路段公交车运行速度，需要对公交线路GIS图、基础路网图进行处理，建立公交线路与基础路网间的匹配关系。

（1）线路的运行速度。

线路的运行速度有三种显示形式：时间分布图、站点分布图、时空分布图。

① 时间分布图。时间分布图是将一条线路所有站间的平均运行速度按照不同时段显示，如图2-24所示。

这种形式能够清晰表现出运行速度在时间上的分布特征。

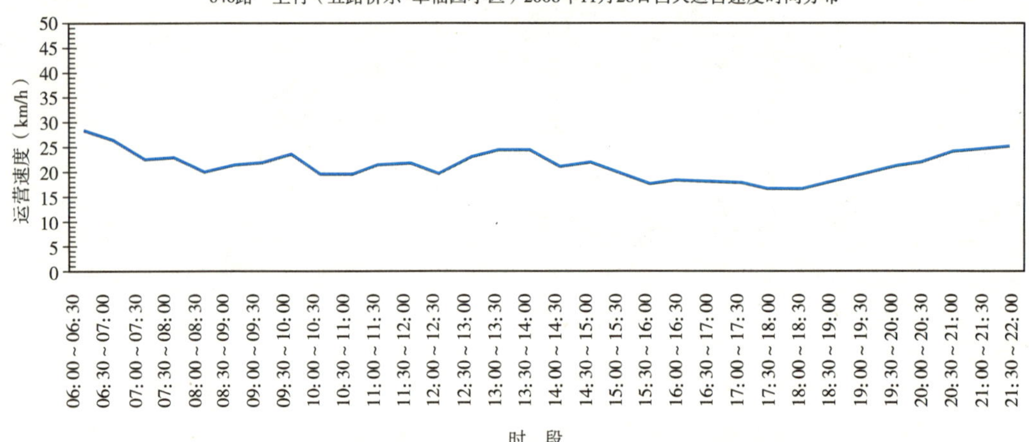

图2-24　线路运行速度时间分布

② 站点分布图。站点分布图是将一条线路某时段内的运行速度按照站点位置来显示，如图2-25所示。

图中横轴为按序号排列的站点，纵轴为该线路在每个站点的运行速度。这种形式能够清晰地表现出运行速度在空间上的分布特征。

③ 时空分布图。时空分布图是将一条线路某时段内的运行速度按照时段和站点位置来显示，如图2-26所示。

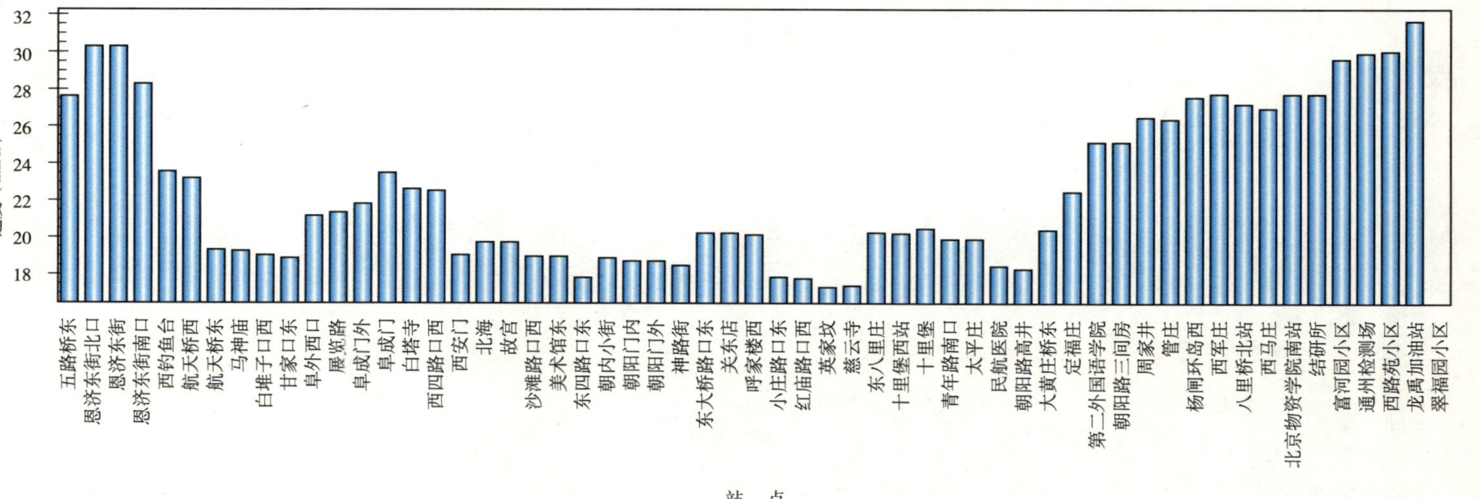

图2-25　线路运行速度站点分布

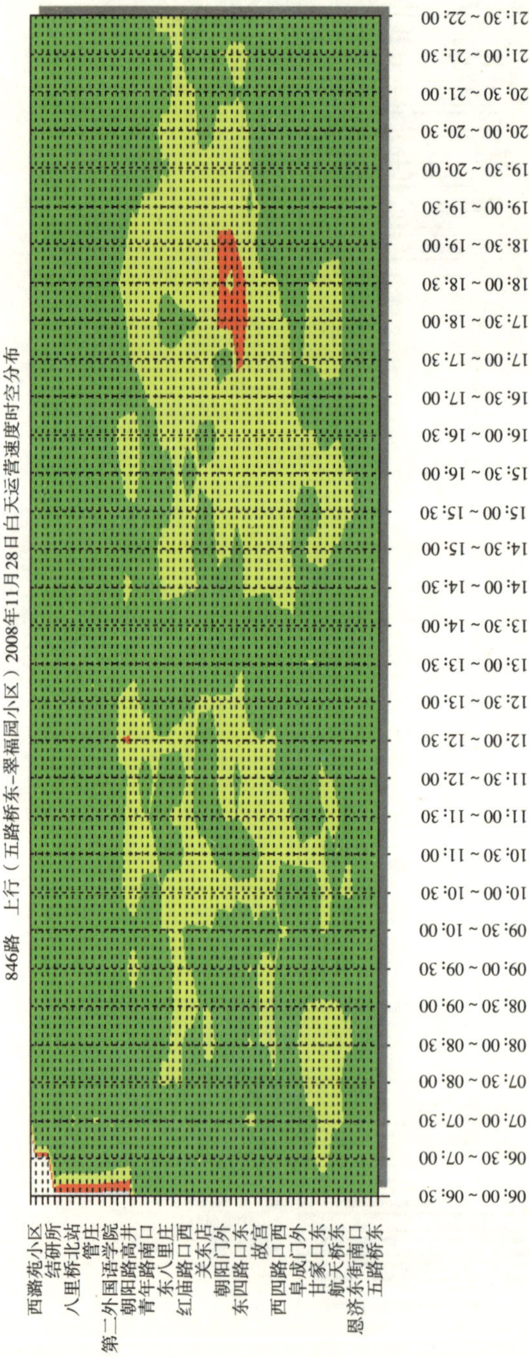

图2-26 线路运行速度的时空分布图

图中横轴是时段（30min间隔），纵轴是按序号排列的站点，图表中每个区域的颜色代表对应站点和对应时间段的运行速度。

这种形式能够清晰地表现出运行速度在时间和空间上的分布特征。

（2）公交的路网运行速度。

在处理完公交GIS图和基础路网并建立二者匹配关系后，通过公交站段（LinePart）->基本段（LinkPart）->基础路网（Link）的对应关系，将各公交线路的运行速度显示在路网上，如图2-27所示。

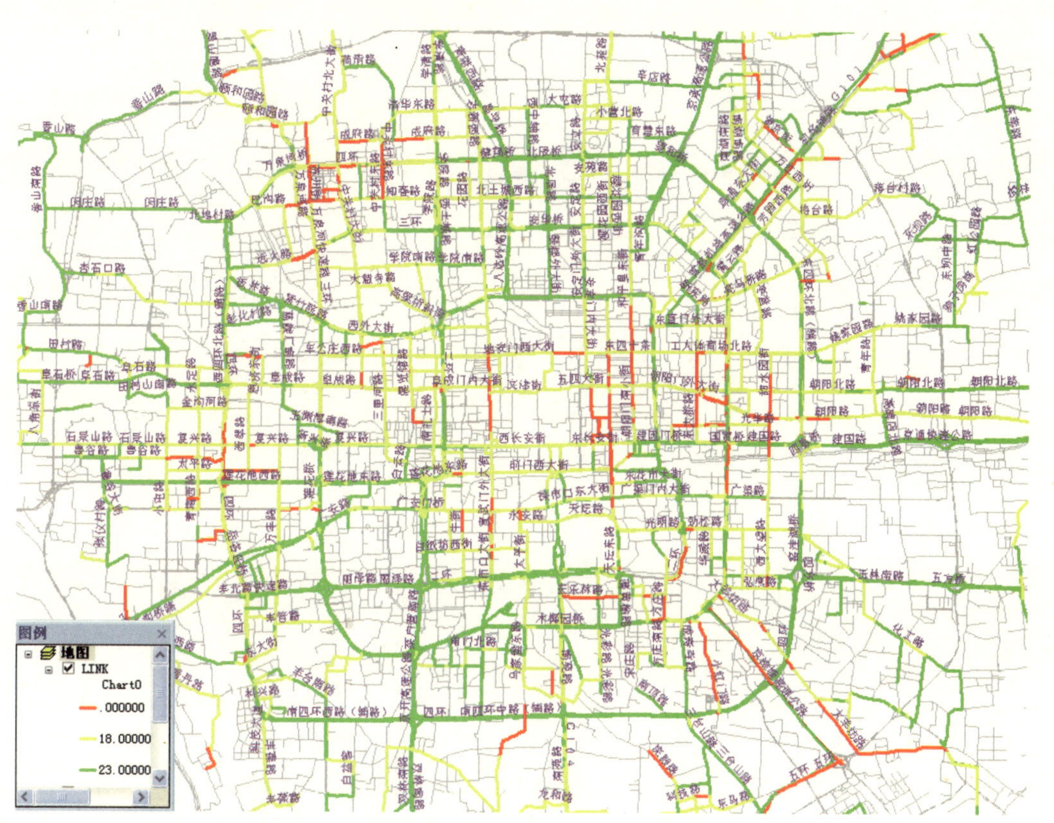

图2-27　全路网的公交运行速度图

2.2.2.2　公交线路断面客流

分段计价的公交线路的IC卡交易数据含有乘客的上车站号和下车站号信息，因此可以推算某段时间经过线路某一断面的客流量，即断面客流量。

断面客流量计算的基础是车次识别。公交车在运营中往返于上、下行两个方向，而断面客流需要区分上、下行方向进行统计，但是交易数据中又没有车次信息，所以计算断面客流前，必须进行车次识别。

（1）线路的断面客流。

线路的断面客流量有三种显示形式：时间分布图、站点分布图、时空分布图。

① 时间分布图。时间分布图是将一条线路所有站间的断面客流之和按照不同时段显示，如图2-28所示。

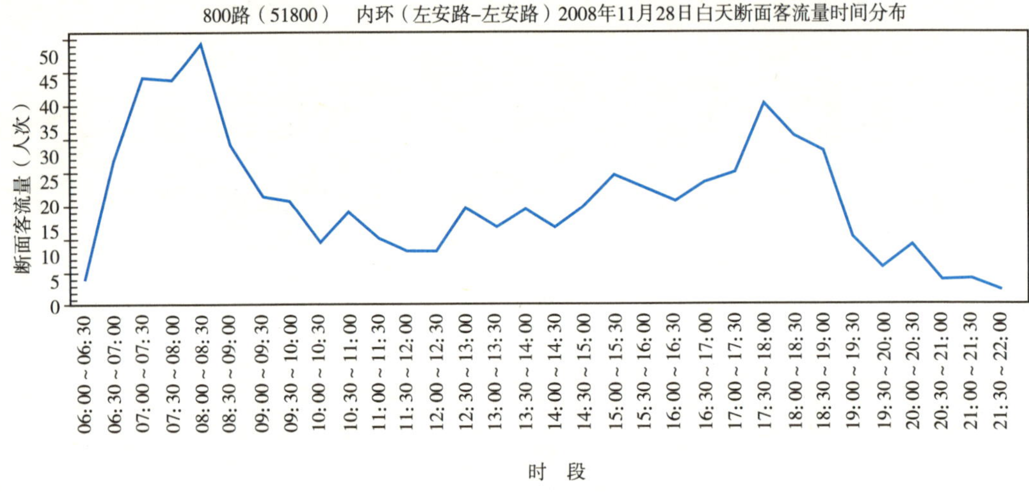

图2-28　线路的断面客流时间分布

这种形式能够清晰表现出断面客流在时间上的分布特征。

② 站点分布图。站点分布图是将一条线路某时段内的断面客流按站点位置来显示，如图2-29所示。

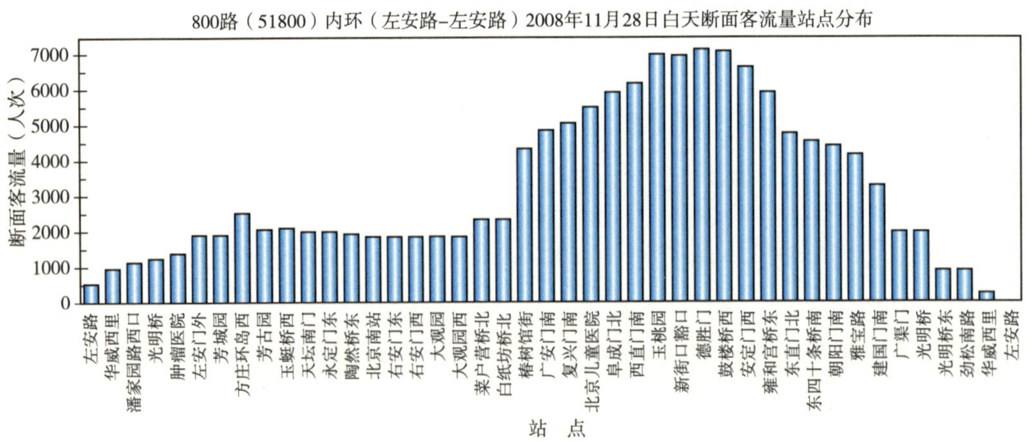

图2-29　线路的断面客流站点分布

图中横轴为按序号排列的站点，纵轴为该线路在每个站点的断面客流量。这种形式能够清晰地表现出断面客流在空间上的分布特征。

③ 时空分布图。时空分布图是将一条线路某时段内的断面客流按照时段和站点位置来显示，如图2-30所示。

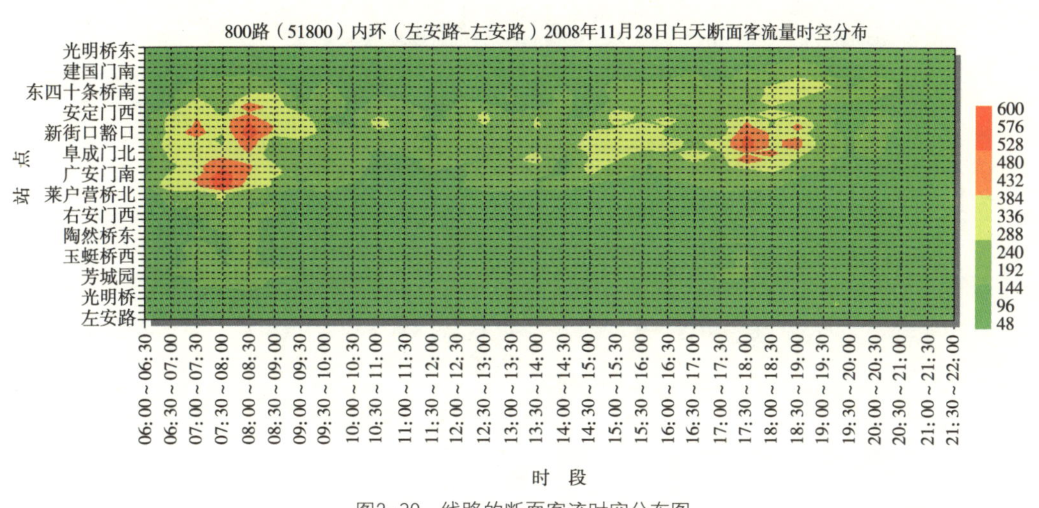

图2-30 线路的断面客流时空分布图

图中横轴是时段（30min间隔），纵轴是按序号排列的站点，图表中每个区域的颜色代表对应站点和对应时间段的断面客流量。

这种形式能够清晰地表现出断面客流在时间和空间上的分布特征。

（2）路网的断面客流。

公交线路的站间的客流分布差异很大，公交线路在路网中的分布也是不均匀的，因此有必要将公交线路的断面客流按照线路途经的路段进行统计分析，即路段的断面客流图，才能得到全市客流空间上的分布规律，这也正是政府部门及运营企业最为关心的（图2-31）。

同全网的运行速度显示一样，断面客流也是在对公交线路、基础路网进行处理，并建立在对应关系的基础上，显示在基础路网上的。处理和建立对应关系的方法也完全相同。

2.2.2.3 轨道线网断面客流

与地面公交不同，地铁各条线路的客运量并不等于其各站进站刷卡量之和。2007年10月7日地铁票制改革后，北京市地铁实行通票，即乘客只需进、出站时刷卡，换乘时不用刷卡或者购票。因此，地铁各条线路的客运量远大于其进站刷卡量。地铁换乘示意如图2-32所示。

图2-31　全路网的公交断面客流图

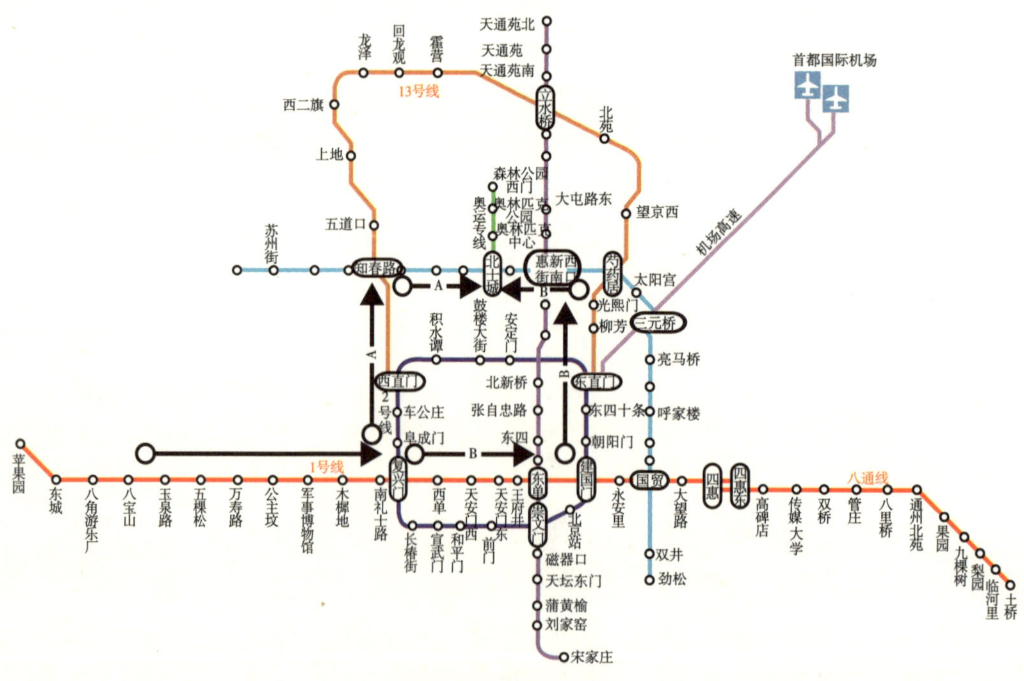

图2-32　地铁换乘示意图

按照地铁公交分段计价线路的处理方法对地铁线路的OD矩阵进行处理，从而得到地铁线路的断面客流量，如图2-33所示。

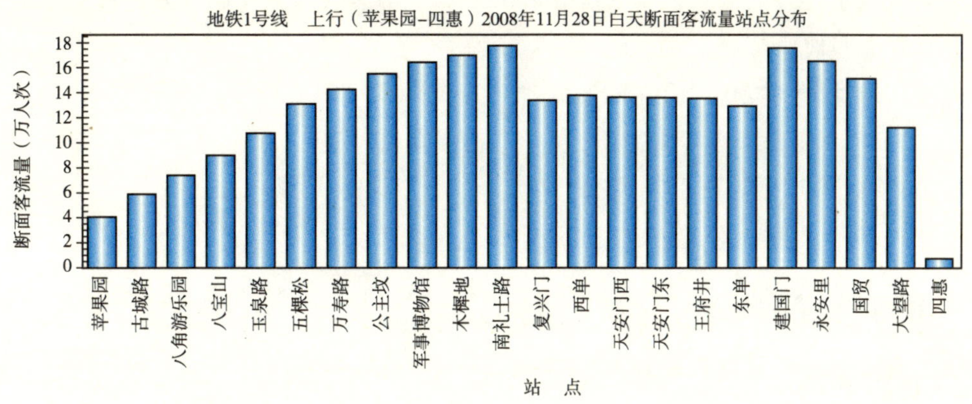

图2-33　地铁1号线断面客流图

按照此方法，可得到每条地铁线路的断面客流，从而得出全网客流断面情况如图2-34所示。

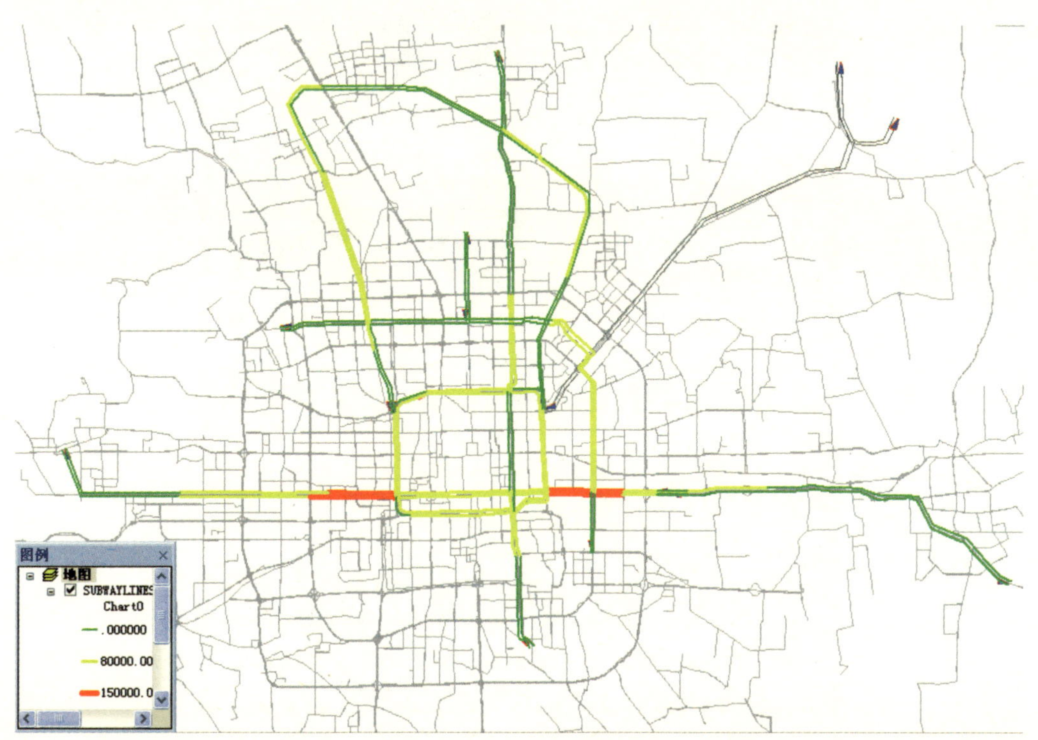

图2-34　地铁全网断面客流图

2.3 出租汽车运行监测

出租汽车运营监测主要是通过分析出租汽车IC卡数据来完成，分析的主要特征参数有以下四种：

（1）出租汽车方式出行特征；

（2）单车出租汽车运营特征；

（3）路网出租汽车运营特征；

（4）基于出租汽车运行速度的城市交通系统特征。

2.3.1 系统总体框架

出租汽车运行监测系统框架如图2-35所示，服务端由2种原始数据（浮动车原始数据和Taxi-IC卡原始数据文本文件格式）、4个业务数据库（Taxi-计价器数据库、Taxi-计价器分析库、浮动车一次库、浮动车二次库）、空间数据库、系统数据库和3个服务端程序模块组成。

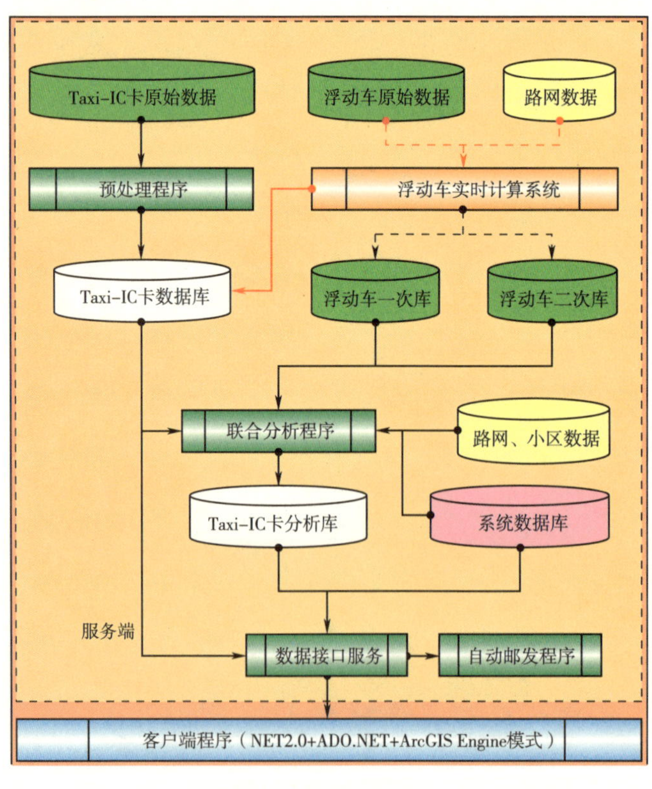

图2-35 系统框架图

（1）两种原始数据、浮动车一次库、浮动车二次库（用绿色表示）和空间数据库（用黄色表示）为已有数据。

（2）Taxi-计价器数据库为本系统建设基础。排错入库预处理程序处理Taxi-计价器原始数据（简称TIC数据）后得到基本的Taxi-计价器数据库。另外，由于已有的浮动车实时计算系统过滤条件设置过细，过滤了一些有效数据，浮动车一次库、浮动车二次库的计算数据还不能完全包括全部有效GPS数据；因此，还需要在已有的实时计算结果基础上进行补充，对被过滤的有效数据进行重新提取，如图2-35中红色流程所示。

（3）联合分析程序对Taxi-计价器数据库、浮动车一次库、浮动车二次库和空间数据库进行联合分析之后得到各种按特征、时间周期、空间区域分类的指标，将这些指标按一定规则组织存储后得到Taxi-计价器分析库。

（4）系统数据库是各种指标、服务模式以及系统相关定义的数据存储库。数据接口服务模块主要是通过系统库获取整个系统的逻辑内容。

（5）数据接口服务模块对内通过系统库调用Taxi-计价器数据库、Taxi-计价器分析库和空间数据库的数据，并且生成数据流以提供输出；对外提供输入接口和输出结果，确保客户端能从网络上取得需要的数据。

（6）自动邮发程序按照一定的周期将数据表以指定的模版发送到各个单位相关负责人的电子邮箱中。

所有新建设的数据库采用SQL Server 2005（已有的浮动车一次库、浮动车二次库为SQL Server 2000），服务端程序和数据接口服务采用NET 2.0 + SQL Server存储过程 + Window服务模式实现。客户端软件通过客户端程序的安装，连接服务器端的数据服务接口，通过展示程序为用户提供不同形式的数据发布。

客户端软件主要由以下4个功能模块组成：

（1）数据管理模块：在远程通过数据接口服务和系统库调用数据排错入库预处理程序和联合分析程序，进行数据处理；

（2）统计报表模块：按照不同周期浏览服务端自动生成的统计数据，并提供各种统计数据的对比分析功能；

（3）特征参数模块：预先给定三类参数，用户可以针对每一个参数进行远程调用、数据和图表输出；提供一个数据调用的应用界面，类似简易SQL语句自动编写系统，用户选择数据库中已有的数据，进行组合和计算，进行远程数据统计和调用，并输出（图表、数据）。

（4）客流分布模块：每月选择一周典型数据进行计算；用户可以调用数据，并通过GIS方式显示，可以直接生成分布图、趋势图。

2.3.2 系统关键技术

2.3.2.1 数据预处理模块

TIC数据每天生成一个数据文件，这个数据文件中存储着当日之前0～15天部分出租汽车运营数据。比如今天是2008年9月1日，那么这天的出租汽车运营数据会在2008年9月1日～2008年9月15日的数据文件中随机出现。

由于TIC数据存在着这种随机延迟现象，所以必须建立一个事务机制，让一个数据文件的导入必须在一个事务处理内部完成。否则一次数据文件的入库失败将会导致整个系统的数据混淆。而且从数据补偿的角度来看，数据文件有可能拷贝不全或者拷贝错误，需要事后补偿导入的需求。

系统每日产生约150万条记录，按照一次性处理1个月的数据，每次数据处理量高达5000万条。存在着0.2%~0.8%的无效数据，而且判断条件比较复杂，因此系统的对海量数据的纠错要求很高。

因此，我们在数据预处理模块中使用了以下几个关键的数据库及相关软件编程技术，以解决上述问题：

（1）数据库长事务处理技术；

（2）数据补偿导入技术；

（3）海量数据纠错技术。

2.3.2.2 数据库长事务处理技术

事务是作为单个逻辑工作单元执行的一系列操作。一个逻辑工作单元必须有四个属性，称为原子性、一致性、隔离性和持久性 (ACID) 属性，只有这样才能成为一个事务。

（1）原子性：事务必须是原子工作单元；对于其数据修改，要么全都执行，要么全都不执行。

（2）一致性：事务在完成时，必须使所有的数据都保持一致状态。在相关数据库中，所有规则都必须应用于事务的修改，以保持所有数据的完整性。事务结束时，所有的内部数据结构（如 B 树索引或双向链表）都必须是正确的。

（3）隔离性：由并发事务所作的修改必须与任何其他并发事务所作的修改隔离。事务识别数据时数据所处的状态，要么是另一并发事务修改它之前的状态，要么是第二个事务修改它之后的状态，事务不会识别中间状态的数据。这称为可串行性，因为它能够重新装载起始数据，并且重播一系列事务，以使数据结束时的状态与原始事务执行的状态相同。

（4）持久性：事务完成之后，它对于系统的影响是永久性的。该修改即使出现系统故障也将一直保持。

数据库长事务处理是在处理海量数据的时候，要求保持数据的完整性和组织原则时采取的一种对软件模块的稳定性要求很高的事务处理机制。这个机制除了必须实现事务本身所有的四个基本属性之外，还必须具备稳定的的纠错机制、内存利用机制，事务模块建立后必须经过严格的压力测试，否则就不能算合格的数据库长事务处理模块。

本系统的数据导入模块全程控制在数据库长事务之内，并在事务内部实现了比较复杂的数据纠错机制，保证了内存的合理使用。此模块经过严格的压力测试后投入使用。

2.3.2.3　数据补偿导入技术

原始数据补偿要求原始数据入库后，能追溯到每一条原始记录的文本文件来源。如果每个数据文件是实时的，当天的数据文件只记录当天的TIC运营记录，程序上很好实现。

但由于TIC数据是随机延迟存储的，那么必须记录数据库内每一条运营数据的数据文件来源。因此在数据入库时给每个记录加入了一个Tag字段，每个Tag对应一个数据文件。并在一个Source表中记录了Tag和数据文件名称的对应关系。进行数据补偿，原理上只要按照Tag字段删除TIC数据后，重新导入数据即可，同时解决了随机延迟数据的补偿导入问题。

2.3.2.4　海量数据纠错技术

数据纠错都是逐记录进行的，将数据导入到数据库内部后利用Cursor逐记录排除错误；或者是在数据导入客户端排除错误后，形成新的数据文件再导入。

不过在数据量达到百万级之后，这两种办法都很浪费系统资源，而且如果算法复杂，非常容易出现内存泄漏的情况。在此本系统中使用的排错算法如下：

（1）出行里程小于1h，视为无效数据，约占总数据量的0.5%；

（2）一次出行记录的下车时间早于上车时间的错误数据，约占0.4%；

（3）服务时间等于等待时间的错误数据，约占0.03%；

（4）车辆服务速度高于100km/h的特高速数据，约占0.01%；

（5）车牌号不为B开头视为无效数据。

由此看来，排错不仅需要数据格式转换，还需要日期字段的比较、浮点字段之间的运算和比较、字符串的识别。因此不能采取常用的纠错技术，我们采用了定量纠错后定量入库的技术，这个量在经过长期的测试后确定为10万。也就是说每审核10万条记录后将这些数据入库，这样就不会发生内存泄漏的情况了。

2.3.2.5 数据分析模块

为了进行数据分析，要得到出租汽车运营、出租汽车出行特征、路网运行状况三个方面的29个指标，要求每个小时、每日、每周、每月都能得到。这是一个比较复杂的聚合统计分析系统，而且涉及到时间序列的前后记录运算，只利用一般的数据挖掘算法很难高效完成系统的要求。我们必须在数据仓库的逻辑结构和物理上进行最大的优化，在算法上也必须进行优化才能满足系统的功能和性能要求。

2.3.2.6 基础数据表的逻辑结构和物理结构优化

数据入库后得到基础数据表TaxiIC结构见表2-12。

表2-12 基础数据表TaxiIC结构

名称	类型	描述
tid	int	taxiid
uptime	datetime	上车时间
downtime	datetime	下车时间
worklength	float	服务里程
waittime	int	等待时间（min）
fare	float	服务费用
emplength	float	空驶里程
faretype	tinyint	费用类型
tag	int	记录来源标识

在tid、uptime和tag字段上建立了索引。由于本系统基于tid和uptime进行时间和业务数据的聚合，tid和uptime的索引保证了程序基本性能。其中uptime按照月进行了物理分区存储，结合“四光纤、双冗余”的高性能磁盘阵列，保证在程序读取数据的时候不会产生数据读取瓶颈。

2.3.3 系统应用

北京奥运会期间，通过出租汽车运行监测系统对奥运会赛前（2008年7月20日～8月7日）和赛时阶段（2008年8月8日～8月24日）的出租汽车运营的主要指标进行了监测，并与常规阶段（2008年6月）的指标进行了对比，具体情况如下。

2.3.3.1 乘载率

出租汽车乘载率是指每次乘坐出租汽车的人数。利用监测系统，分别对三个阶段的出租汽车承载率指标进行监测，通过结果显示，次均载客人数变化不大，维持在1.50人/次的水平（表2-13）。

表2-13 出租汽车乘载率对比

阶 段	班 型	乘 载 率
常规	单班	1.45
	双班	1.47
赛前	单班	1.48
	双班	1.48
赛时	单班	1.47
	双班	1.52

2.3.3.2 客运量

通过对出租汽车IC卡的数据进行分析，对每日出租汽车客运量进行监测。

从三个阶段对比来看，相对于常规阶段，赛前和赛时客运量均有明显增加，其中赛前平均增幅为16.18%，赛时平均增幅为12.97%（表2-14）。

表2-14　出租汽车客运量对比（万人次/日）

	工作日	周　末
常规	202.6	189.6
赛前	241.1	214.9
赛时	241.5	202.3

2.3.3.3　空驶率

出租汽车空驶率是指出租汽车在非载客状态下行驶的里程数占总的行驶里程的比例。通过对出租汽车IC数据进行分析，可以监测到每天出租汽车空驶状况，为出租汽车的运营调度起到关键的指导作用（表2-15）。

表2-15　三个阶段不同时段空驶率分析

		工作日	周　末	开幕式当天
常规	早高峰	46.05%	49.80%	
	晚高峰	31.71%	34.94%	
	平峰	34.03%	38.05%	
赛前	早高峰	32.48%	43.98%	
	晚高峰	30.28%	33.28%	
	平峰	34.24%	38.14%	
赛时	早高峰	37.06%	50.76%	44.10%
	晚高峰	31.54%	35.37%	25.68%
	平峰	35.51%	41.57%	31.18%

3 奥运交通指挥管理系统概述

3.1 系统概况

3.1.1 建设背景

多年来，北京交通管理部门坚持向科技要效益，建设了一系列交通管理科技工程，极大地增强了交通管理科学含量，保障了首都道路交通的平稳运行。但交通供需矛盾日益加剧，交通管理科技手段的应用水平亟待进一步提高，特别是成功举办一届“有特色、高水平”奥运会对交通管理现代化建设提出了更高要求。

以奥运为契机，依托“奥运智能交通管理系统建设工程”，在“基于GIS技术的北京交通信号控制系统管理平台”等课题的支持下，北京交通管理部门按照“一个中心，三个平台”的框架结构建设了奥运交通指挥控制系统，为促进首都道路交通快速发展和保障奥运交通平稳运行提供了有力的技术支撑。

3.1.2 总体思路

奥运交通指挥控制系统以“一个中心，三个平台”作为建设的总体思路，包括了“交通管理数据中心”和“智能化指挥调度平台”、“综合业务平台”以及“信息发布平台”，中心与平台之间通过交通管理通信综合业务网连接为一个整体。“一个中心”和“三个平台”中分别包含了相应的子系统，在满足北京市当前交通管理需求的同时，提供了标准、开放的接口，以便于新建的各子系统有机地集成到该体系中，为系统的扩展奠定了良好的基础（图3-1）。

交通数据管理中心用于采集来自不同系统的交通管理数据并进行存储、有效备份，实现数据共享；为各类管理需要提供大量基础数据，为交通管理仿真系统提供数据支持；利用先进的数据处理工具，对海量交通信息进行过滤、整合、挖掘。

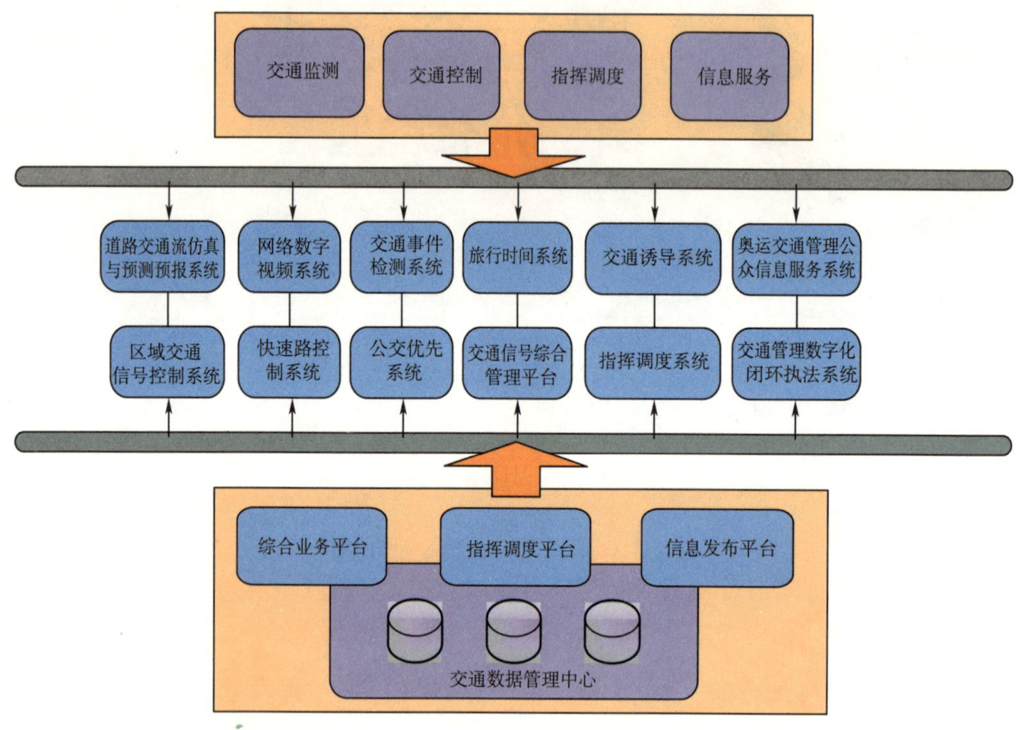

图3-1　北京奥运交通指挥系统总体框架

3.1.2.1　指挥调度平台

指挥调度平台依托各种先进的技术手段，实时检测、监控道路交通状况，快速处置路面各种交通意外，实现对全市道路交通的统一管理、指挥和调度。指挥调度平台实现了交通监测、交通控制和指挥调度三项功能。

（1）交通监测通过各类技术手段，获取路面的交通流状态、交通突发事件等状况，作为交通控制和指挥调度的数据基础。

（2）交通控制则依据交通监测的结果，同时接受指挥调度系统的命令，对路面交通实施各类控制，提高路网的运行效率。

（3）指挥调度是整个系统的中心，通过接受交通监测数据以及交通控制数据，实现对于整个北京市的城市交通运行状态的准确评估，生成科学的指挥调度方案，对各类交通状况作出及时有效的反应。指挥调度平台主要包括网络数字视频系统、交通事件检测系统、旅行时间系统、区域交通信号控制系统、快速路控制系统、公交优先系统、交通信号综合管理平台、指挥调度系统等。

3.1.2.2 综合业务平台

综合业务平台提供了对内信息服务的功能，主要包括交通管理数字化闭环执法系统。该平台实现了交通管理信息高度集成与共享，为数据综合关联统计分析、警务管理和领导决策以及协助其他警种打击犯罪提供了强有力的技术支撑。

3.1.2.3 信息发布平台

信息发布平台提供了对外信息服务的功能，通过交通诱导系统、道路交通流仿真预测、奥运交通管理公众信息服务系统，以多种方式将交通状态和调度方案等有选择地提供给公众，或是与政府其他部门和社会单位实现交通信息的交换与共享，尤其是在奥运交通的管理过程中，公开透明的交通信息服务非常重要。

有关北京奥运交通管理指挥调度系统、北京奥运智能交通管理辅助决策支持系统、北京奥运综合交通数据发布系统的内容不作详细介绍。

3.2 奥运交通应急指挥系统

交通应急指挥系统是为交通管理者提供各类重大和较大突发交通事件的应急指挥支持保障，已经成为整个城市应急指挥系统不可或缺的重要内容，标志着交通管理的现代化服务水平。

3.2.1 系统架构

交通应急指挥是城市应急指挥中的重要环节。城市处于危急状态下时，所有处置、救援活动都离不开交通保障。在整个危机处置指挥过程中，交通指挥成为关键因素。

交通应急指挥系统不同于平时的交通管理指挥调度系统。交通管理关注的是对交通资源的优化与合理使用，是对交通参与者的诱导与管理，目标是保持交通状态的稳定、良好。在突发事件到来时，一切正常的交通秩序被打破，应急指挥可能根据危机事件的性质、类型、程度的不同而不同，可能以尽量不影响群众的正常交通需求为原则，也可能以最大限度满足应急保障与救援为原则。因此，奥运会期间，北京市的交通应急指挥系统尤为关键。

北京市交通安全应急指挥部作为市应急委13个专项应急指挥部之一，为了更快更好地开展交通专项的应急指挥工作、落实市应急委的工作部署、配合交通安全应急指挥部的工作开展，建设了市交通应急指挥中心。图3-2为市交通安全应急指挥部的指挥体系结构图。

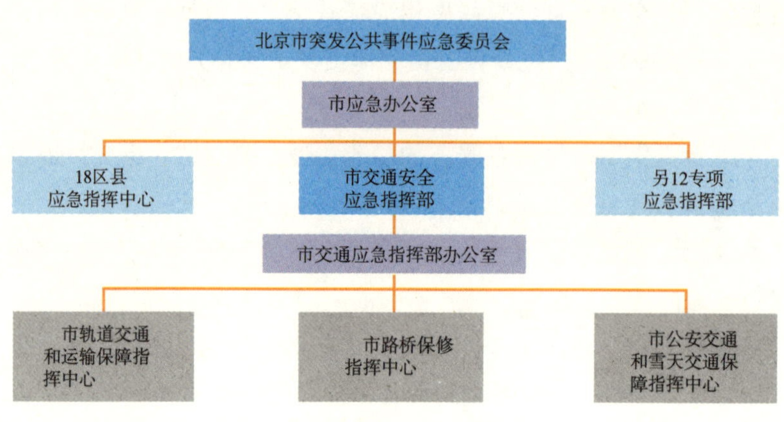

图3-2 北京市交通应急体系构成

3.2.2 建设方案

3.2.2.1 建设目标

在现有场地和资源条件下，建立一个交通应急指挥中心实体。具体建设目标包括：实现对管辖范围内重点地区、重点部位、交通道路和公共场所等区域的有效监控；应对交通突发事件时，实现与市应急委、其他专项指挥部、交通应急指挥部各成员单位进行异地会商，共同分析、研究，开展应急处置；完成日常应急值守，保证各类交通突发事件处置时的可靠通信以及应急调度指令的及时发布；实现对交通应急指挥平台通话的多路实时录音，保证各种书面报告和通知及时上传下达；保证系统设备和信息资源安全、可信、可靠。

3.2.2.2 系统结构

根据内容要求，市交通应急指挥系统包括有线通信系统、无线调度系统、计算机网络应用系统、视频图像系统、综合保障系统、应急移动指挥通信系统。系统基本框架结构如图3-3所示。

3.2.2.3 基本功能

（1）事件现场全程监控。实现行业现有视频图像的接入、整合，实现对管辖范围内重点地区、重点部位、交通道路和公共场所等的有效监控。根据接入单位的行业不同进行分类，主要包括公交（动物园公交枢纽、BRT）、地铁（1号线、2号线、13号线）、省际长途（六里桥）、高速公路（进出京各条高速公路）、治超（治超场站）、路桥养护（国道）、铁路道口、市政处、交通执法总队。把行业单位现有视频图像进行接入、整合和展示。

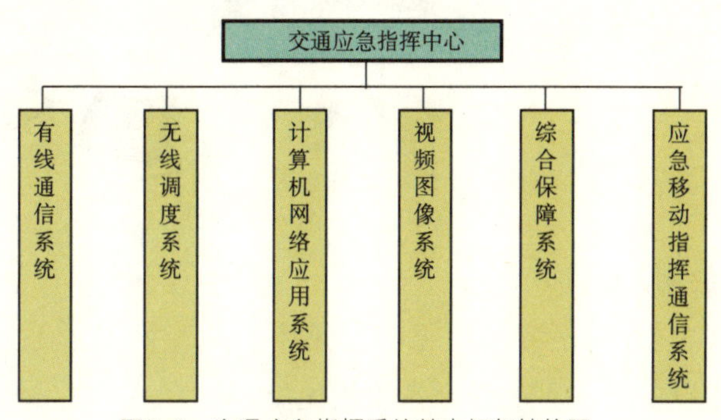

图3-3　交通应急指挥系统基本框架结构图

在系统正常工作情况下，应急指挥中心可以轮询各行业单位已有的视频图像资源。当出现交通突发应急事件时，应急指挥中心可以自动切换或通过人工告知切换的方式，实现对突发事件部位的视频监控，辅助进行交通应急指挥调度。

（2）视频会议。在应对交通突发事件时，实现与市应急委、其他专项指挥部进行视频会议异地会商，共同分析、研究，开展应急处置。

（3）统一指挥调度。利用电信部门提供的市话网、北京市有线政务外网的IP电话、800兆集群等各种有线或无线通信手段，完成日常应急值守，保证各类交通突发事件处置时的可靠通信以及应急调度指令的及时发布，实现对交通应急指挥平台通话的多路实时录音，保证各种书面报告和通知及时上传下达，实现“信息交互，统一协调，分级指挥，一致行动”的多部门的快速联动应急响应机制。

（4）保证系统设备和信息资源安全、可信、可靠。通过信息安全、综合布线、防雷接地、电源保障等综合保障系统，确保交通应急指挥平台各种设备的可靠运行，并提供良好的工作环境。

3.2.3　系统建设

北京市交通应急指挥系统建设内容主要包括：有线通信系统、无线调度系统、计算机网络应用系统、视频图像系统、综合保障系统、应急移动指挥通信系统。

3.2.3.1　有线通信系统

北京市交通应急优先通信系统如图3-4所示。

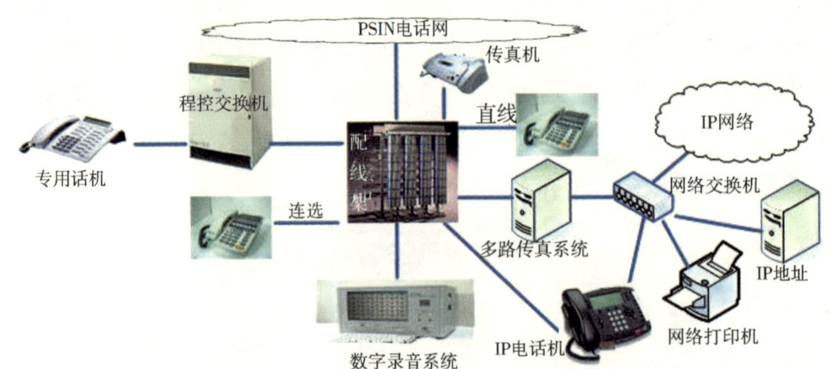

图3-4　北京市交通应急优先通信系统

3.2.3.2　无线调度系统

交通专项应急指挥中心将依托北京市无线政务专网开展系统建设无线调度系统，确保在组网和设备配备方面符合各项相关规定。

构建无线应急指挥调度支持平台，实现“信息交互，统一协调，分级指挥，一致行动”的应急联动机制。

3.2.3.3　计算机网络应用系统

计算机网络应用系统由计算机网络系统、应急综合管理应用系统和信息安全系统组成，如图3-5所示。

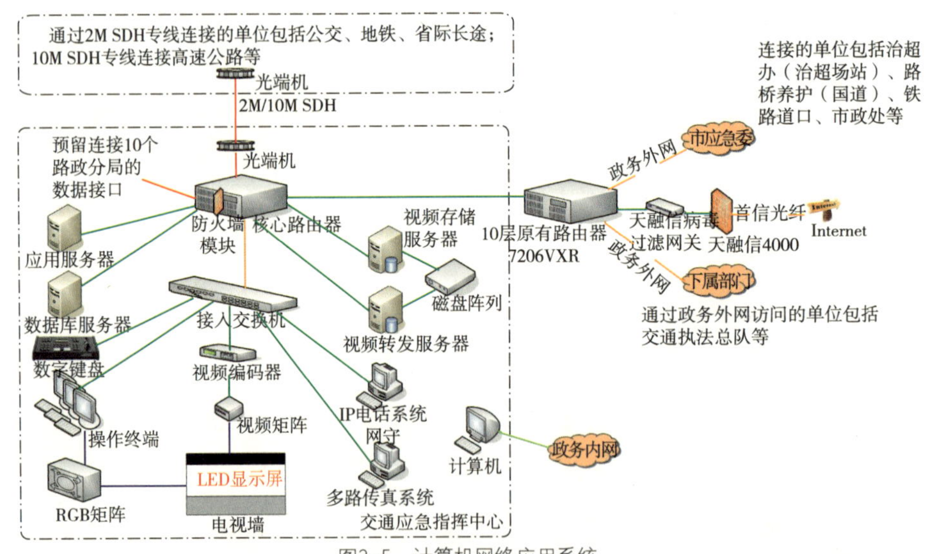

图3-5　计算机网络应用系统

3.2.3.4　视频图像系统

视频图像系统主要包括：图像信息系统和IP视频会议系统。图像信息系统主要包括视频接入、整合和视频展示两部分内容（图3-6）。

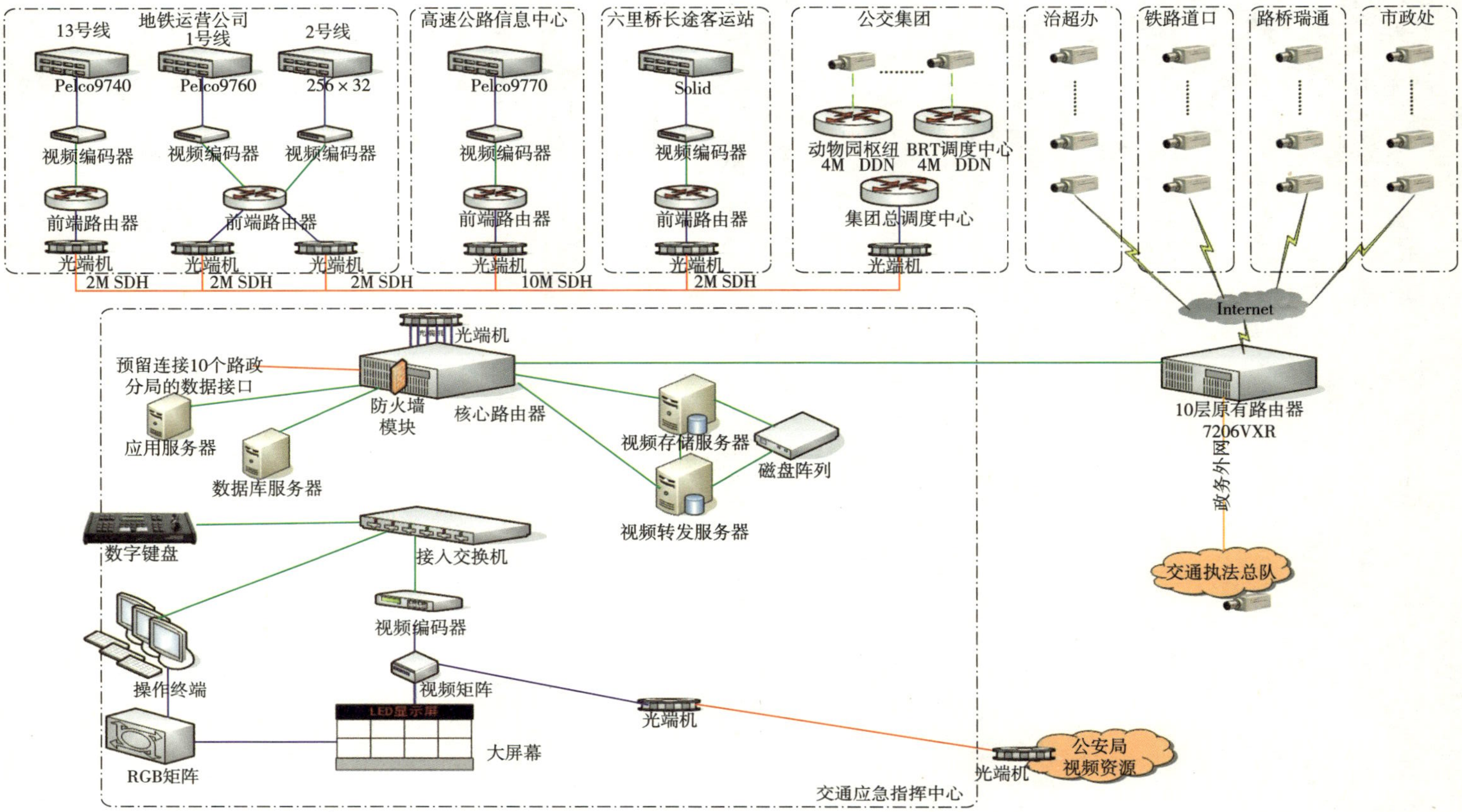

地铁运营公司
13号线
1号线
2号线
Pelco9740
Pelco9760
256 × 32
视频编码器
视频编码器
视频编码器
前端路由器
前端路由器
光端机
光端机
光端机
2M SDH
2M SDH
2M SDH
高速公路信息中心
Pelco9770
视频编码器
前端路由器
光端机
10M SDH
六里桥长途客运站
Solid
视频编码器
前端路由器
光端机
2M SDH
公交集团
动物园枢纽
4M DDN
BRT调度中心
4M DDN
集团总调度中心
光端机
治超办
铁路道口
路桥瑞通
市政处
Internet
10层原有路由器
7206VXR
政务外网
交通执法总队
光端机
核心路由器
防火墙
模块
预留连接10个路政
分局的数据接口
应用服务器
数据库服务器
视频存储服务器
视频转发服务器
磁盘阵列
数字键盘
接入交换机
视频编码器
操作终端
视频矩阵
光端机
LED显示屏
大屏幕
RGB矩阵
交通应急指挥中心
光端机
公安局
视频资源

图3-6　视频图像系统

3.2.3.5 应急指挥通信系统

应急移动指挥通信系统是指在处置各类交通突发事件时，基于特种交通应急保障车辆基础上建立的，可以实现移动指挥的通信平台，实现应急指挥平台与现场指挥部之间图像、语音、数据双向实时通信。

（1）系统组成。卫星应急通信指挥系统由移动卫星通信指挥车和中心卫星固定站两部分组成。

（2）系统功能。系统的功能包括：现场指挥、远程指挥、视频会议、话音功能、移动办公、图像切换、快速开通、自动调平、自动供电、智能保护。

（3）移动卫星通信指挥车设备组成。通信指挥车由承载车辆、卫星终端子系统、视频终端子系统、话音终端子系统、自动天线及伺服跟踪子系统、专网通信电台、无线摄像子系统、办公会议子系统、云台摄像子系统、供配电子系统、车内温度调节子系统、车辆支撑及调平子系统等组成。

（4）卫星固定站设备组成。卫星固定站设置在交通应急指挥中心，包括卫星终端、1.8m卫星天线、视频终端、话音终端等。

（5）车辆改装方案。车体选用福特全顺客车作为改装通信指挥车的车辆。整车分为三个区：设备区、会议区和驾驶区。设备区：区域内放置机柜，设备固定安装在机柜内，机柜中间设置1个操作台。会议区：设置两排折叠椅，中间为会议台，会议台前端放置打印机，上端悬挂可收藏式液晶显示器。会议区可容纳6～8人进行会议。驾驶区：为驾驶员行车操作区，并在前部安装倒车后视系统。

（6）技术创新。奥运交通指挥系统是多层次的指挥调度系统。以往奥运会通常仅以道路交通的智能化管理系统为主，没有全面整合道路网、轨道交通网、地面公共客运交通网以及城际（航空、铁路、公路等）运输网络的运行实时监测与指挥调度系统。通过多层次网络运行系统集成技术研发，建立覆盖市域范围的道路交通组织管理、公共交通运输、出租汽车调度、应急处置一体化智能指挥调度技术，解决了奥运交通综合保障一大难题。主要技术创新点有以下几个方面：

① 解决了海量多源异构数据融合与数据库设计关键技术问题，实现专项应用与综合处置相结合的集成体系；

② 建立了北京奥运交通管理指挥调度系统，实现了系统接入与信息提取整合，事件管理与协调控制、指挥调度，预案管理与辅助决策、数据发布等功能的综合集成；

③ 建成了集成有线通信系统、无线调度系统、计算机网络应用系统、视频图像系统、综合保障系统、应急移动指挥通信系统、应急备份系统的奥运交通应急指挥综合系统，为交通管理者提供重大和较大突发交通事件的应急指挥支持保障。

4 客运系统运营组织调度与管理

4.1 智能化公交运营组织调度与管理

4.1.1 系统概况

北京奥运公共交通运营管理系统是北京奥运交通规划与运营保障系统的重要组成部分，是北京市政府重点建设的奥运信息化系统之一。依据2008年奥运会特殊的公共交通服务需求，同时结合公交日常运营调度指挥需求进行系统总体建设方案设计，提高北京公交的运营管理水平、调度指挥水平和乘客信息服务水平，提高应对奥运会等大型活动和突发事件的能力，为奥运会提供了安全、舒适、可靠、快速的公交运输服务。奥运会后，作为奥运财富，奥运公共交通运营调度系统的相关软、硬件设备已经移植至北京公交运输企业日常运营调度系统中，建成了三级调度系统，服务于北京公交日常运营管理。

4.1.1.1 建设目标

建设面向奥运的“北京奥运公共交通运营管理系统”，提高公共交通的运营管理水平，提高应对奥运会等大型活动和突发事件的能力，完善乘客信息服务，从而提高广大居民的出行质量，提高政府的决策能力和管理水平。

在保障日常公共交通运输的同时，兑现北京申奥承诺，为奥运会提供高质量、高效率的公共交通服务。

4.1.1.2　建设规模

建成1个总调度（指挥）中心、6个分调度中心以及34条奥运公交专线调度系统，奥运期间投入3305辆安装车载定位系统的公交车辆，其中T4用车1305辆，T5用车2000辆，顺利完成奥运公交运输任务，投入50辆安装车载定位系统的公交救援车，完成奥运公交抢修救援保障工作。

4.1.1.3　技术路线

系统开发和建设的总体技术路线为：基于奥运T5公交需求预测，分析系统总体需求，建设奥运公交指挥调度系统，提高运营管理水平，保证T5类客户群及时、安全、顺利地出行。具体来说，主要包括以下内容：基于公交发车频率优化和车辆优化配置技术，建设公交运力资源优化配置系统，形成公交运力资源优化方案，减少奥运公交对日常公交的影响；基于T5线路与常规线路混合运营计划编制技术、区域公交人员调度和公交智能调度等技术，建设涵盖34条奥运专线、2000辆奥运车辆的运营组织与调度系统，实现实时监控调度；对重要场馆进行交通仿真，优化运营组织方案；建设突发事件预案库和应急联动系统，提高应急反应能力；建设奥运抢修救援系统，为奥运公交运输服务提供保障。

4.1.2　关键技术研究

在该系统的研发过程中解决了以下技术难点。

（1）奥运公交运营组织调度技术。

针对奥运公交特点，研究开发了包括公交运营计划编制系统、公交车队运营调度系统、基于GIS的车辆监控系统、劳动配班管理系统、数据统计分析系统等子系统在内的奥运公交运营组织与调度系统，并在奥运会中成功应用，提高了现有公交系统运作效率以及管理的便利性，保障了公交运营的安全性，同时为决策者提供了决策支持。

（2）奥运公交线路发车频率优化双层规划模型和线路车辆配置模型。

以北京市公共交通客流调查数据和奥运期间的交通流量预测值为基础，提出奥运公交线路发车频率优化的双层规划模型和线路车辆配置模型，由此计算得到T5线路配车数量，为T5线路驻车优化研究提供基础；基于场站规模、T5运营计划、奥运交通流量集散时段等奥运公交车辆驻车优化约束条件，提出了奥运公交车辆驻车的目标规划和相应的求解算法，获得T5线路分时段的动态驻车数量，为驻车优化管理提供依据；实现了各条线路人员、车辆的集中管理、统一调度，实现运输资源在多条线路之间的动态优化配置，提高奥运公交资源的使用效率。

（3）奥运地面公交运力资源优化配置技术。

实现了面向奥运的人员、车辆等运输资源在多条线路之间的动态优化配置，提高了现有公交系统的运作效率和编制的灵活性。软件系统的完成，实现了公交运力资源的合理优化配置，为观看体育比赛的观众及志愿者和工作人员提供了快速及时的公共交通服务。

（4）突发事件自动响应技术。

研究了各种突发事件对公交系统的影响的分类分级问题，并编制了大型活动突发事件时的公交应急预案体系。根据突发事件的分级分类，提出了按事件分类分级的静态预案、动态预案自动匹配模型和联动响应模型，并根据预案体系和这种响应模型建立了公交应急三级调度指挥系统。

（5）奥运公交运输方案压力测试技术。

将交通需求作为对交通设施的压力，将压力测试引入交通领域。确定了系统增压方法、压力测试流程等方面的内容，并结合奥运场馆的地面公交系统进行了应用，建立了场馆周边压力测试流程。

（6）大规模奥运公交应急救援技术。

研究了大规模奥运公交应急救援技术，包括抢修救援调度模式、资源调度算法，开发出奥运公交抢修调度软件，并在奥运会期间实现全市公交2万余辆公交车辆的应急调度保障。

4.1.3 系统建设

4.1.3.1 系统总体架构

结合奥运会等大型活动和突发事件对北京公共交通的要求，同时考虑北京ITS总体规划对公共交通系统的要求，确定北京公共交通信息化建设总体规划。北京公交集团信息化建设总体架构如图4-1所示。

（1）总体架构。

① 计算机网络通信平台。

计算机网络通信平台通过网络通信系统和无线通信系统两种模式，完成底层数据的传输与处理。

② 基础信息平台。

基础信息平台通过车辆定位系统、地理信息系统、数据库系统，完成数据的采集、存储和显示功能。

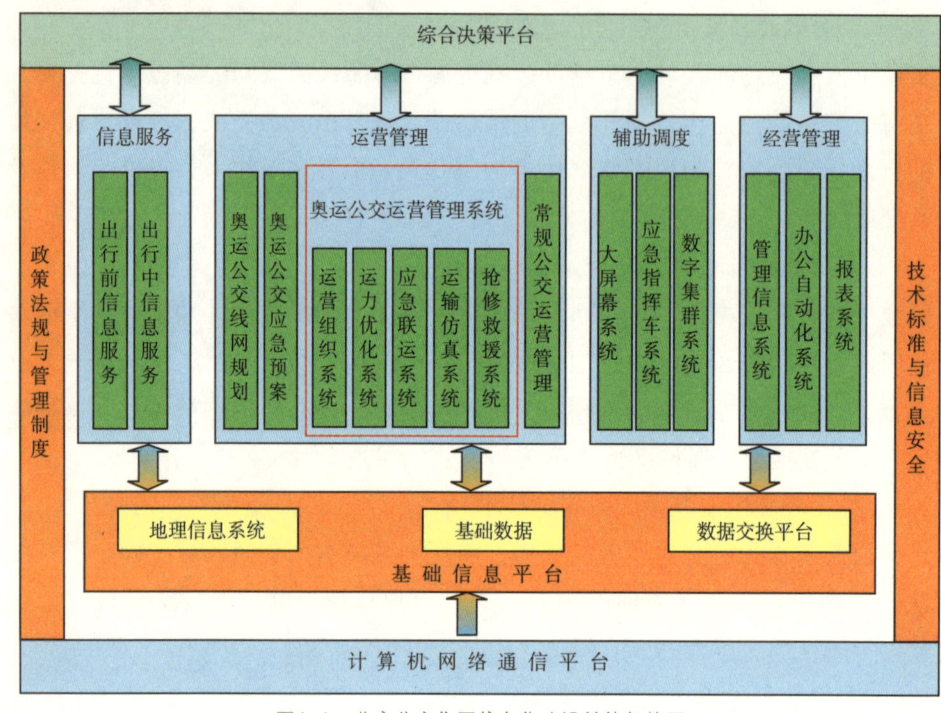

图4-1　北京公交集团信息化建设总体架构图

③ 应用系统。

核心应用系统主要包括：信息服务系统、运营管理系统、辅助调度系统、经营管理系统。

根据奥运公交高水平、有特色的需求，在公共交通运输企业信息化建设的基础上规划建设奥运公共交通运营管理系统。系统的应用系统包括运营组织与调度系统、运力资源优化配置系统、应急指挥调度系统、地面公交运输仿真系统和抢险救援调度系统。

（2）系统物理结构。

奥运公共交通运营组织与调度系统物理结构如图4-2所示。

公交运营组织与调度系统采用三级体系建设，分中心与总中心采用2M　DDN数据专线进行连接，分中心与总中心均采用10M专线连接到互联网。在总中心及各物理分中心部署了调度系统网络设备、服务器设备及存储设备。在每一个车队建立了网络系统，车队管理人员及调度台采用1M　ADSL连接到互联网，采用VPN方式与总中心和分中心进行互联互通。

（3）系统逻辑结构。

奥运公共交通运营组织与调度系统逻辑结构如图4-3所示。

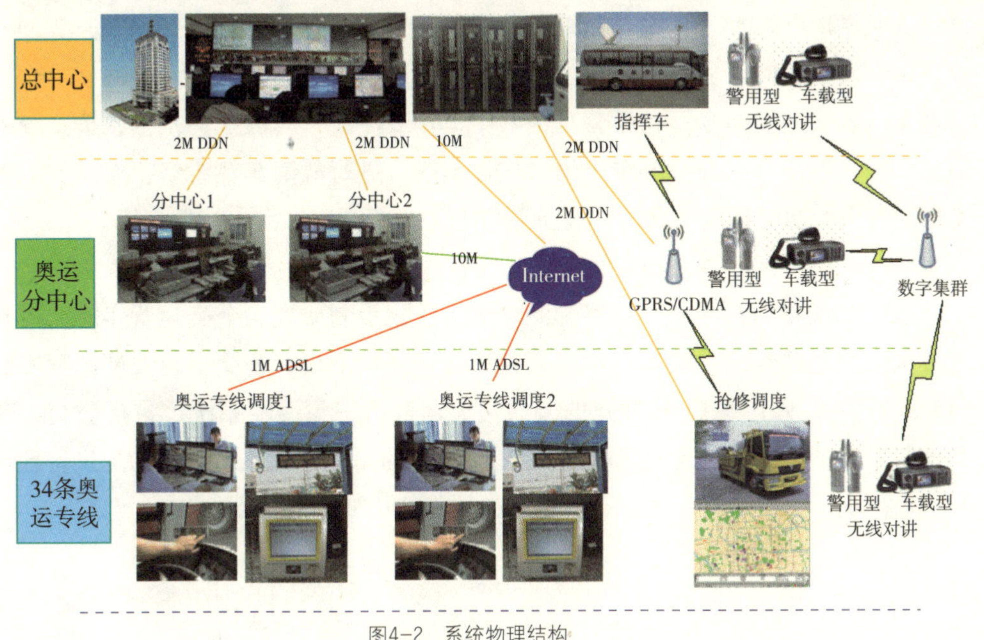

图4-2 系统物理结构

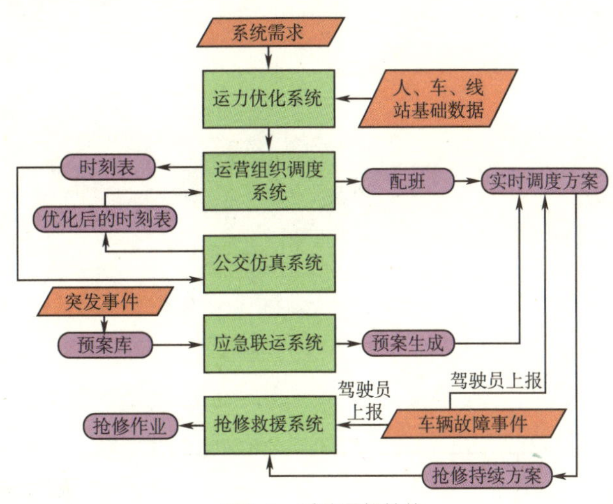

图4-3 系统逻辑结构

本系统以已有的地理信息系统、数据库系统（人车线站数据）为数据基础，根据奥运公交客流预测情况，通过运力资源优化配置系统对公交现有资源及日常运营信息的分析获得可抽调的运力，结合奥运会客流信息确定运力抽调方案；依据客流分布和服务水平，通过运营组织调度系统可以自动生成行车计划，然后通过仿真系统测试行车计划的合理性，优化行车计划；依据优化后的行车计划和人员车辆信息，通过运营组织调度系统可以自动生成配班计划，调度员依据车辆人员配班情况进行实时调度，调动过程中可以根据具体情况对行车计划进行增、删、改等操作；在发生突发事件时，通过应急调度系统自动生成应急预案，通过实时调度平台向分公司车队发表调度指令；在运营车辆发生车辆故障时，驾驶员向抢修救援系统上报信息，抢修调度员根据情况派出抢修作业车辆，进行故障车辆维修，驾驶员同时也将信息上报给实时调度平台，调度员制定客运持续方案，派出持续车辆。

4.1.3.2　奥运公共交通运营组织与调度软件子系统

基于T5线路与常规公交线路的混合运营计划编制研究，公交运营实时监控和调度技术研究和“生成与选择”模式下遗传禁忌混合策略在公交司售人员调度方面的研究，开发实现了基于GIS模式的公共交通运营组织与调度系统，包括公交运营计划编制系统、公交车队运营调度系统、基于GIS的车辆监控系统、劳动配班管理子系统、数据统计分析系统等子系统。系统的硬件架构如图4-4所示。

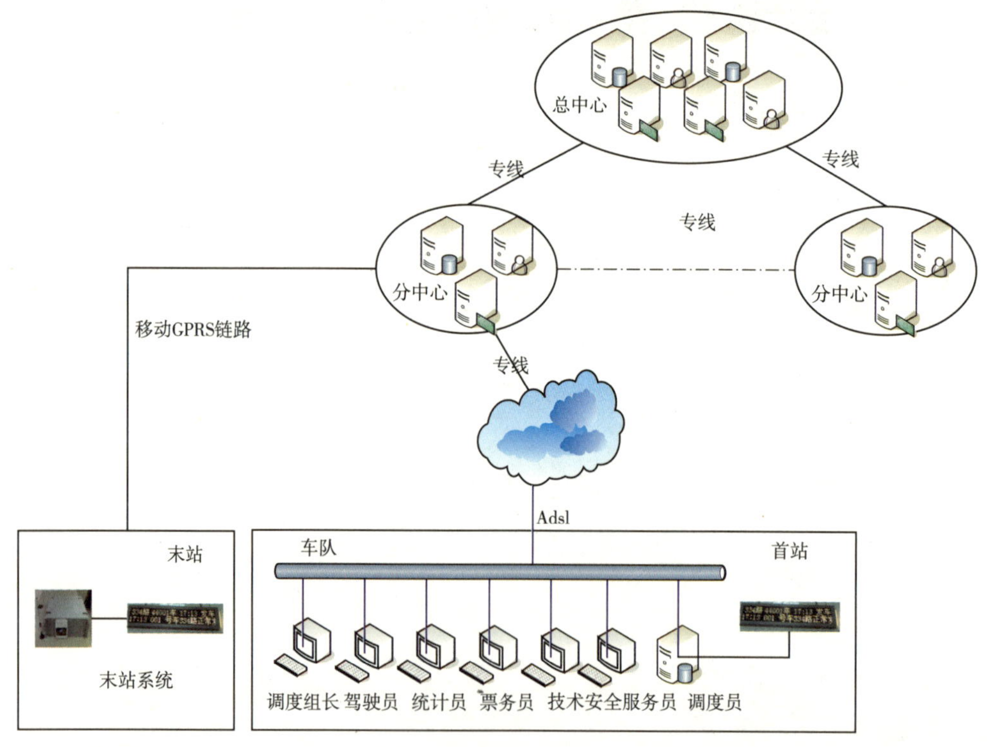

图4-4　系统硬件架构图

公共交通运营组织与调度系统软件架构如图4-5所示。

奥运地面公交运力资源优化配置系统

- 基础数据管理
  - 组织结构维护
    - 公司信息维护
    - 车队信息维护
    - 人员信息维护
  - 线路信息维护
    - 站点信息维护
  - 场站信息维护
  - 车辆信息维护
- 调度计划管理
  - 客流调查
  - 行车计划
    - 计划编制
    - 劳动班次
    - 计划汇总
    - 发车方案
    - 计划安排
    - 计划审批
  - 包专车计划
  - 站务设施检查
- 配班管理
  - 司售考勤
  - 劳动排班
    - 排班模板
    - 排班计划
    - 劳动组织
    - 劳动排班汇总
- 调度运营管理
  - IC卡进站识别
  - LED控制
  - 自动语音广播
  - 考勤管理
  - 保养调度
  - 包专车调度
  - 空驶调度
  - 实时调度
    - 行车记录
    - 行车日志
    - 故障记录
    - 事故记录
    - 服务记录
    - 实时运营统计
- 运力资源优化配置
  - 驻车配置管理
  - 运力资源优化
    - 客流预测
    - 车辆优化配置
    - 驻车优化
- 辅助决策
  - GIS 监控
  - 短信管理
  - 建议方案
  - 预测预警
- 技术管理
  - 保养计划
  - 能耗记录
  - 故障处理
  - 技术稽查记录
  - 技术投诉处理
  - 技术考核记录
- 服务管理
  - 服务投诉处理
  - 服务稽查记录
  - 服务考核记录
- 统计管理
  - 计划指标统计
  - 运营调度统计
  - 工时公里统计
  - 能耗统计
  - 票款统计
  - 个人绩效统计
- 权限管理
  - 用户权限
  - 用户组权限
  - 权限配置

图4-5　系统软件架构图

（1）运营计划编制管理子系统。通过该子系统可合理安排公交车发车时刻，生成劳动班次，为公交运行的配车、劳动配班管理计划提供基础。系统可编制多个行车方案，通过调整各种参数值，反映出运营中出现的各种指标值的变化，进而可通过对不同方案的运营指标值的比较，确定适合运营目标的调度计划。

（2）公交车队运营调度子系统（图4-6）。在各种计划编制的基础上，可根据调度计划和劳动配班管理计划安排公交车辆进行实际组织运营。同时，基于GIS的车辆监控子系统，可根据用户权限选择车队或线路，生成线路站点地图，进而可对车辆的运行过程进行实时监控和跟踪，获取车载设备发送的异常信息。在此基础上，通过实时调度系统，结合道路情况和客流变化，合理调整调度方案，从而高效处理公交运营过程的突发情况，合理地利用公交调度资源。

（3）劳动配班子系统。可根据调度计划安排相应的车辆以及司售人员，并可根据推班类型和推班规则进行智能推班。系统采用替休、轮班、轮休等方式保证各驾驶员在一个调度周期内劳动工作量的平均性，进而保证排班计划的合理性。通过科学、合理地安排司售人员工作排班，实现了公交人力资源的合理、高效运用，同时由于取代了传统的手工劳动配班方式，提高了公交运营管理的效率。

（4）公交运营统计子系统。基于线路行车计划数据，实际发车记录等数据统计，建立分析评价模型，对道路情况、客流、车辆配比、发车间隔等因素开展了关联度研究，实现了公交运营数据的实时统计管理。

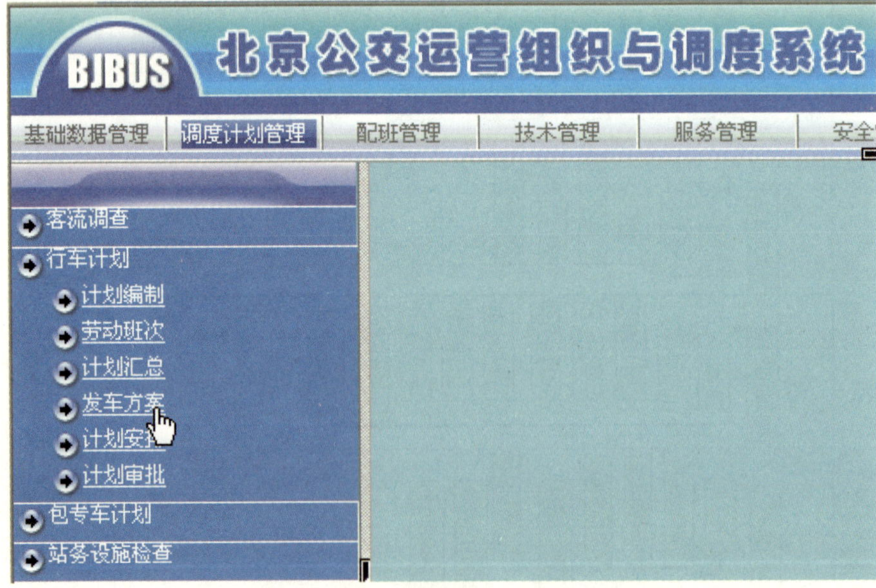

图4-6　奥运公交运营组织与调度系统界面

4.1.3.3 运力资源优化配置软件子系统

基于TransCAD软件，开发实现了公交驻车配置管理系统以及奥运地面公交运力资源优化配置系统（图4-7）。此系统的应用，不仅有助于掌握奥运公交客流信息，为线路管理提供决策基础，同时由于实现了运输资源在多条线路之间的动态优化配置，提高了公交线路服务质量，增加了公交资源管理的便利性和高效性。该系统主要功能包括：客流预测、公交配流、线路流量分析、地图主题显示、运力资源优化配置模块。

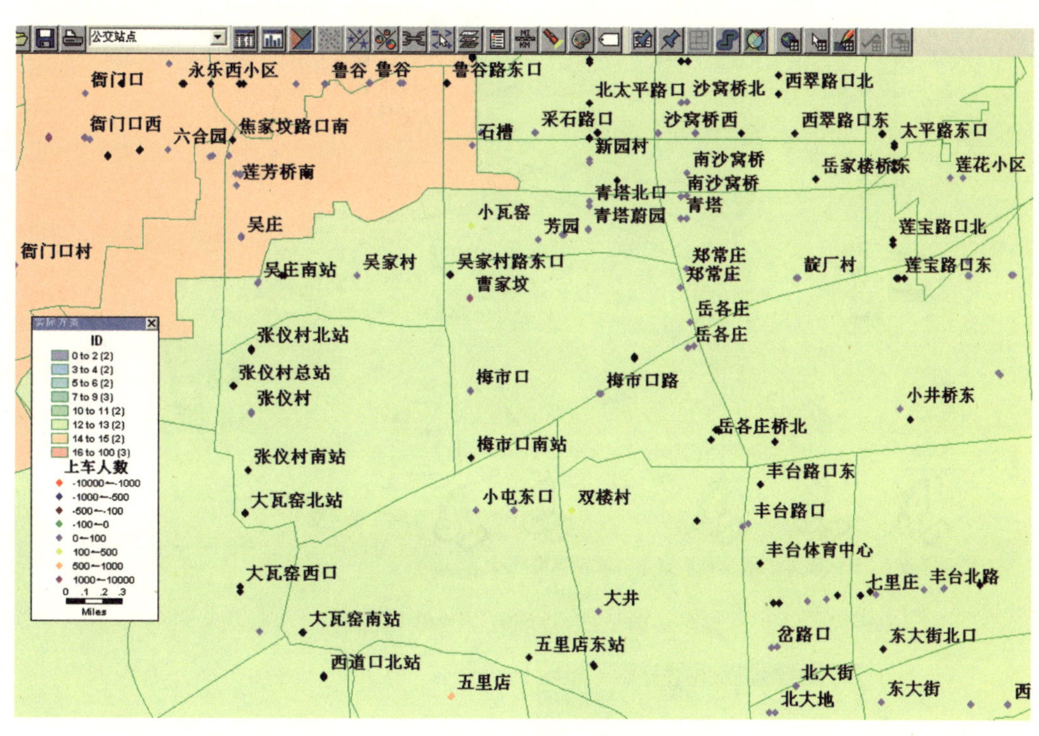

图4-7 奥运地面公交运力资源优化配置系统界面

4.1.3.4 奥运公交应急联动子系统

面向奥运和大型活动的奥运地面公交应急联动系统，具有快速、准确、处理效果良好的特点。使用C/S架构开发了三级应急调度平台，各级之间采用socket通信机制实现应急联动的实时通信。同时，各级单位建立了应急调度平台，三级之间能够实时进行网络通信，当突发事件发生时，保证应急联动与响应的快速性和实时性。其网络拓扑结构如图4-8所示。

系统主要功能：预案自动匹配功能、辅助决策算法生成功能、应急预案发布功能（图4-9）、应急预案执行结果上报功能、应急车辆状态监控功能、应急车辆调度统计功能。

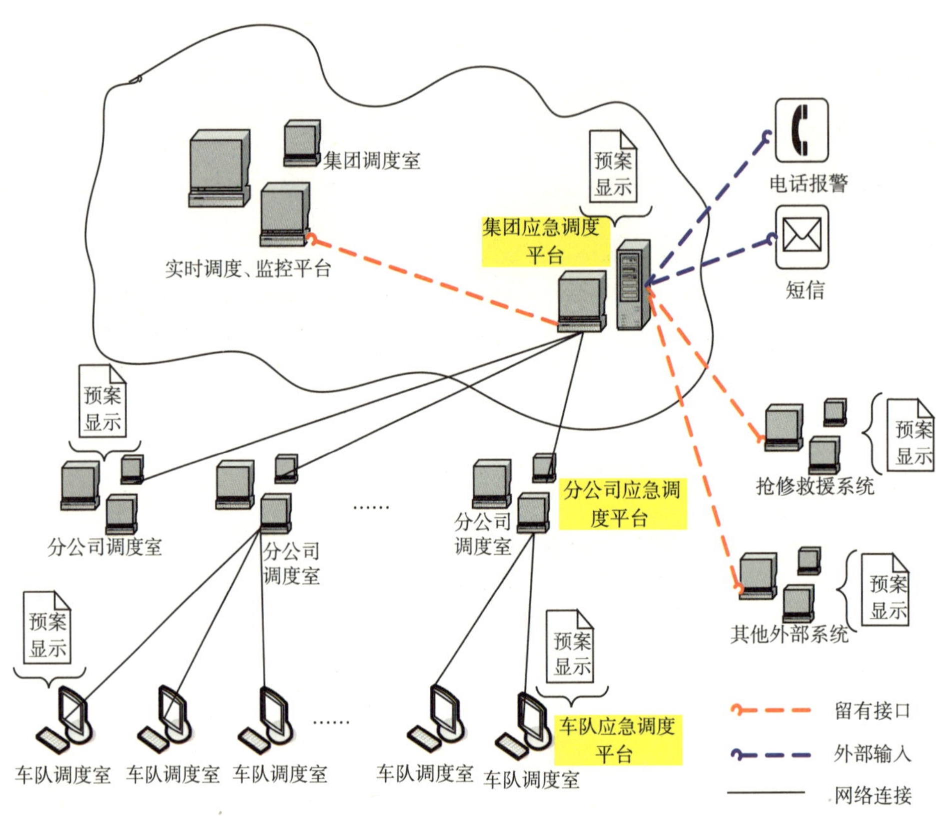

图4-8　奥运公交应急联动系统拓扑结构图

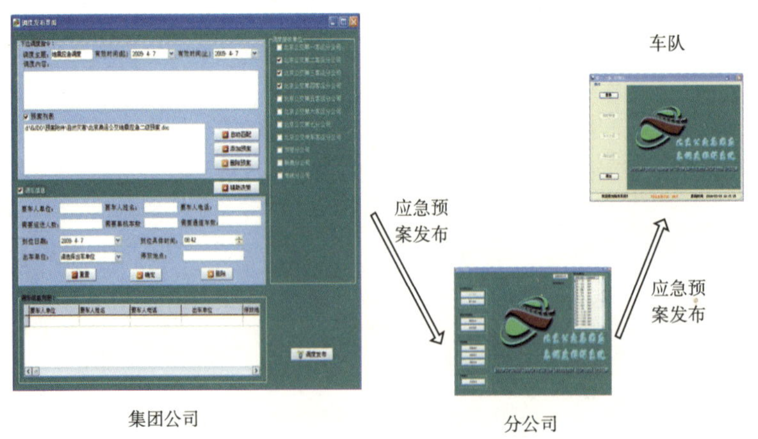

图4-9　应急预案发布功能

4.1.3.5 奥运公交抢修救援调度子系统

为实现奥运公交抢修救援调度需求，开发了一套功能完备的公交抢修救援调度系统，支持集中式与分布式相结合的调度模式，完成了奥运会期间全部公交运营和保障车辆的抢修救援任务。分布式抢修调度模式的实现过程如图4-10所示。应急抢修及救援范围覆盖了全北京市。

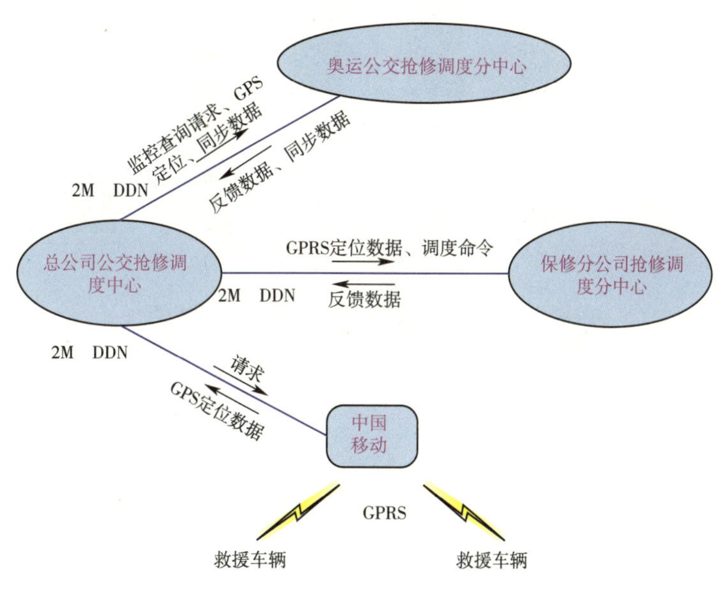

图4-10 分布式抢修调度模式的实现

奥运公交抢修救援调度软件系统可以分为三大部分：

（1）GPRS网络和车载设备。

（2）抢修救援调度中心。

（3）抢修救援车辆。

其中GPRS网络是无线通信的载体，由网络供应商提供，因此抢修救援车辆调度系统建设的主要内容为抢修调度中心与车载监控设备。

奥运公交抢修救援调度软件系统按其功能和作用的不同分为六个子系统：请求处理子系统、调度处理子系统、车辆图形监控子系统、统计分析子系统、综合信息管理子系统、用户管理子系统，外加两个后台软件（消息中间件和GPRS网关软件）。

4.1.3.6 示范工程建设

奥运公共交通运营管理系统的示范工程建在北京公交集团，系统共包括1个总调度中心，6个分调度中心和34条奥运公交专线的调度系统（图4-11）。

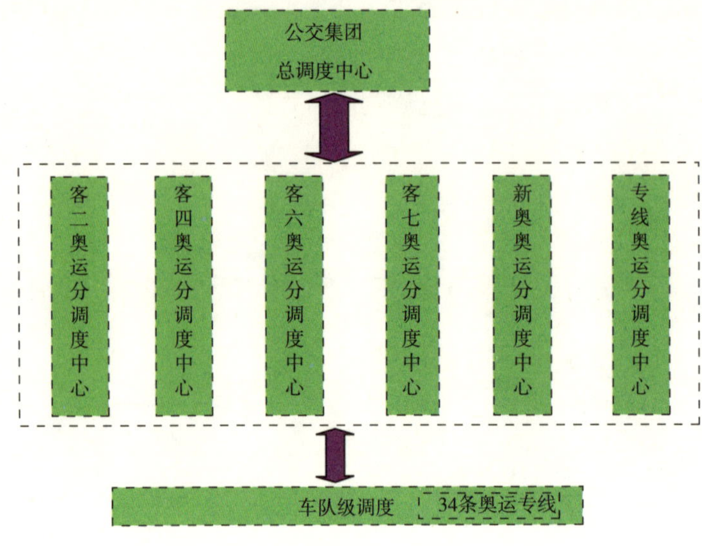

图4-11　北京奥运公共交通运营管理系统架构图

4.1.4　系统应用与推广

4.1.4.1　系统应用

奥运公交运营组织与调度系统支撑了奥运会期间奥运专线运营调度工作，圆满完成了奥运公交运输任务，为北京奥运会的成功举办作出了重要贡献。奥运会期间34条奥运专线计划发车15.2万车次，实际发车14.2万车次，总客运量1136.6万人次，其中单日最高车次达10375次，客运量83万人次。残奥会期间34条奥运专线计划发车4.2万车次，实际发车4.1万车次，总客运量330.6万人次，其中单日最高车次4176次，客运量33.4万人次。奥运会开、闭幕式当日，34条奥运专线车辆部分或全部编入28条开幕式、闭幕式的入场、散场专线，入散、散场1175车次，客运量1.9万人次。残奥会开、闭幕式当日，34条奥运专线车辆部分或全部编入28条开、闭幕式入、散场专线，入、散场1054车次，客运量1.8万人次。

2008年奥运会前北京市奥组委对外承诺的集散场时间为90min，实际集散场时间为75min，这无疑是对奥运公交运营组织与调度的充分肯定。

4.1.4.2　系统推广

奥运公共交通运营管理系统通过奥运会期间的实际应用，不仅圆满完成了奥运会的公交运输任务，也为北京市举办其他大型活动的公交运营组织与调度积累了丰富的经验。在奥运会结束之后，奥运会期间的相关系统及设备在北京公交运输企业继续应用。形成的1个总中心、6个物理分中心，11个调度指挥分中心已应用于日常公交运营组织与调度。服务于奥运会期间的6339个GPS设备也已重新分配到常规公交线路的车辆上。对于安装有GPS设备的线路沿用了奥运会期间的调度模式，对于没有安装GPS设备的线路，采用其他办法进行调整也实现了利用系统进行调度。

4.2 轨道交通指挥中心

4.2.1 指挥中心概况

2009年，随着地铁4号线的投入运营，北京轨道交通将形成多线路、多运营主体的全新网络化运输格局。2015年，北京将建成“三环、四横、五纵、七放射”共19条线、561公里运营里程的轨道交通网络，每天承载客流量占公共交通比例将由目前的20%提高到50%，轨道交通将真正成为首都城市公共交通的骨干体系。在此背景下，北京市建设了轨道交通指挥中心（以下简称“指挥中心”）。

指挥中心项目范围包括：整合北京轨道交通各线路行车组织、电力控制、环境控制、自动售检票等各个专业系统资源，在此基础上，建设可满足28条线路的轨道交通路网指挥调度中心（TCC）系统和路网票务清算管理中心（ACC）系统，集成14条线路的指挥调度中心（OCC）和联网收费系统线路控制中心（LC），以及通信、后备中心、楼宇等配套系统设施。是目前世界上集路网指挥调度和票务清算管理两大系统于一体，接入线路和系统最多，集约化、网络化、自动化程度最高的轨道交通指挥中心。

指挥中心在如下方面发挥着重要作用：

（1）满足轨道交通网络化条件下运营组织管理的需要。

（2）满足提升轨道交通科学化管理水平的需要。

（3）满足轨道交通运营市场化进程的需要。

（4）满足政府加强行业监管、完善紧急突发事件快速处置的需要。

4.2.2 综合信息平台

4.2.2.1 业务架构

通过对网络化运营管理需求的分析，信息系统管理平台应至少完成轨道交通路网票务清算管理、路网调度指挥和应急处置等三大职能；通过对应用管理的分析，路网票务清算管理和路网调度指挥分别属于客运调度和行车调度两大业务领域。因此，在构建信息系统管理平台时，从需求角度将系统分为基础信息接入、基础业务应用和综合业务应用三个层次；从业务管理的角度将平台分为统一的轨道交通路网票务清算管理中心系统（简称ACC系统）、统一的轨道交通路网调度指挥中心系统（简称TCC系统），两大业务系统分别建设。同时为保证信息采集和指挥、调度命令稳定可靠地传输，综合通信平台也是信息系统管理平台不可或缺的重要组成部分。

北京轨道交通智能化综合信息系统管理平台的业务架构如图4-12所示。

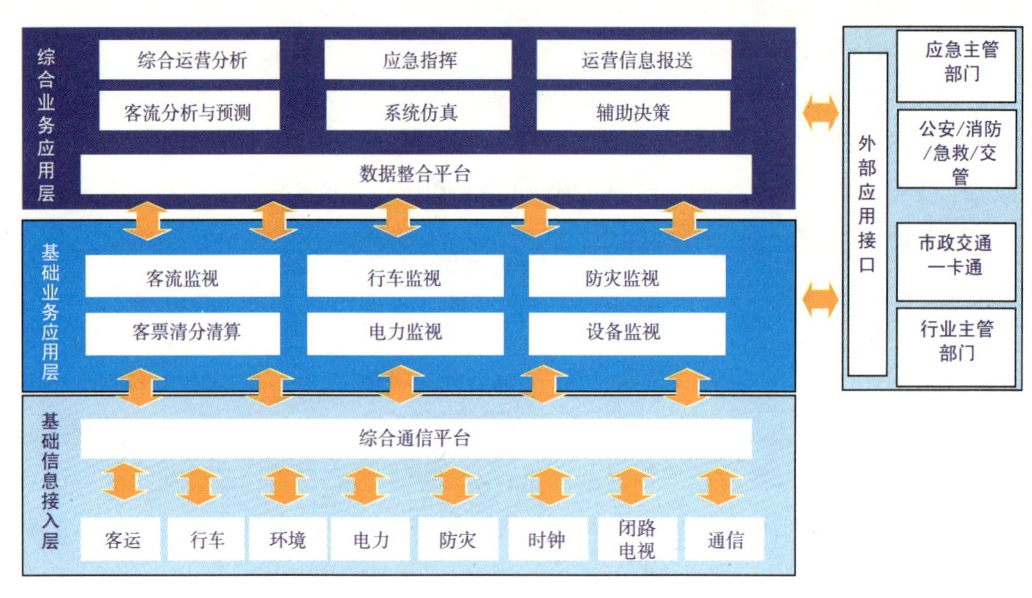

图4-12　北京轨道交通智能化综合信息系统管理平台的业务架构示意图

4.2.2.2　平台技术架构

智能化综合信息系统管理平台通过综合通信网络平台与线路控制中心各主要机电系统及后备指挥中心连接，通过标准物理接口及预定义的协议实现系统与线路控制中心系统之间及指挥中心与后备指挥中心之间的信息交换。通过电信运营商提供的专线与市政交通一卡通公司、市交通应急指挥中心、公安、消防、急救、交管、公交等部门建立通信渠道，用于票务清分和应急指挥时的信息沟通。系统技术架构示意图如图4-13所示。

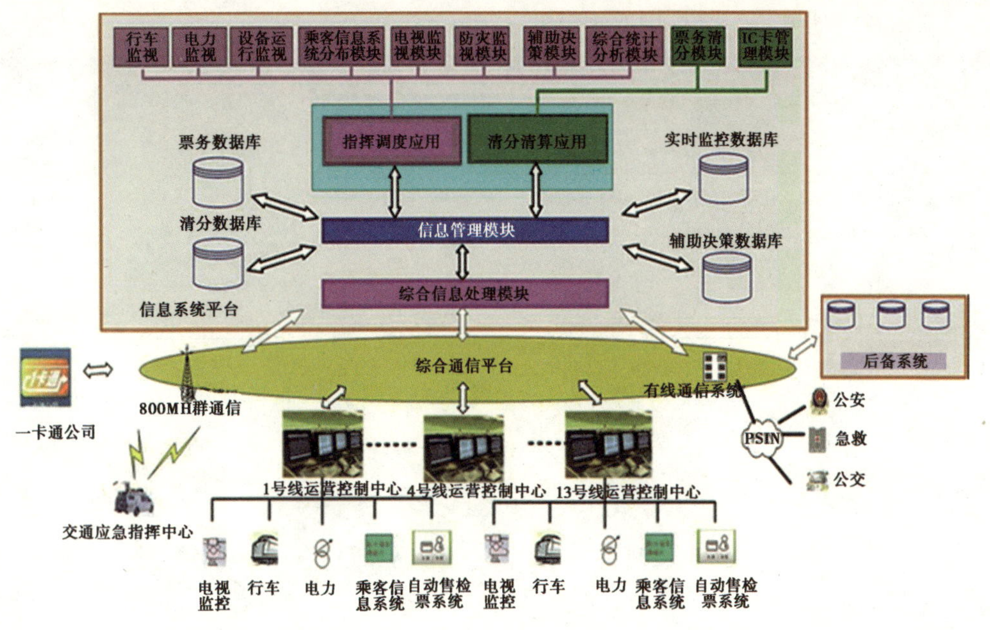

图4-13　北京轨道交通智能化综合信息系统管理平台的技术架构示意图

4.2.2.3　平台主要功能

（1）路网票务清算管理系统的主要功能。

ACC与路网内各线路自动售检票系统（简称AFC）共同构成轨道交通路网的联网收费系统。其中线路AFC是源头，通过直接向乘客提供售检票等服务，为ACC提供第一手的基础数据信息；ACC则是中枢，依据确定的业务规则，对路网内各线路AFC实施集中统一管理。概括来说，ACC系统主要具有以下三大功能。

① 票务管理功能。通过自动售票机、出进站闸机等终端设备，自动完成出售车票、进站检票、出站验票、扣除乘车款、回收车票、记录相关信息等工作，实现了路网内车票全部电子化、无障碍换乘。通过建立票卡生产车间、票卡库房、票卡清洗车间等，实现路网内票卡的统一采购、统一生产、统一调配、统一回收。

② 票款清分清算管理功能。通过事先确定并设置的各种情况下票款清分原则和清算模型，实现轨道交通系统与一卡通系统之间，以及轨道交通路网内各线路之间的票款清算、对账。

③ 客流统计功能。通过构建庞大而复杂的后台支持系统，实现轨道交通运营信息的实时、准确获取及统计，为在网络化运营条件下确保行车组织与客运组织的高效、均衡运转，快速处置突发事件提供数据基础和决策依据。

其内在管理关系如图4-14所示。

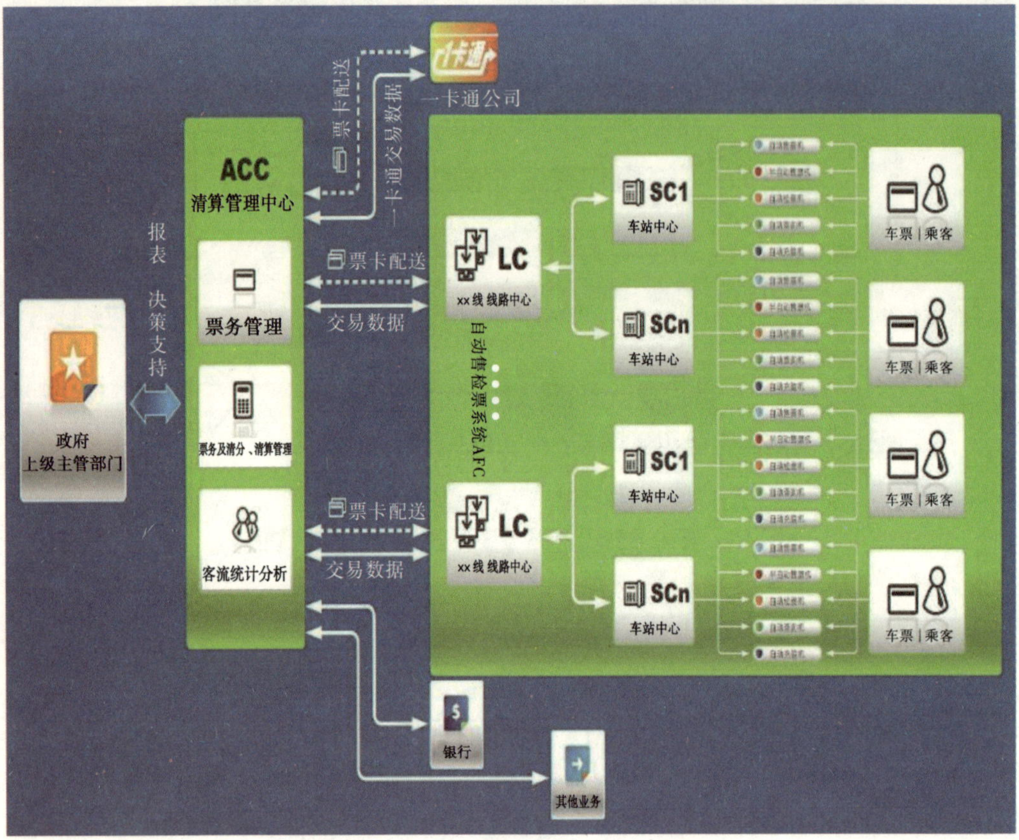

一卡通公司
票卡配送
一卡通交易数据
ACC
清算管理中心
报表
决策支持
政府
上级主管部门
票务管理
票务及清分、清算管理
客流统计分析
票卡配送
交易数据
LC
xx线 线路中心
自动售检票系统AFC
SC1
车站中心
SCn
车站中心
车票｜乘客
银行
其他业务

图4-14　路网票务清算内在管理系统的主要功能

（2）路网调度指挥系统的主要功能。

TCC系统是一个集运营监视、数据共享、应急指挥、辅助决策功能为一体的综合指挥平台。主要包括通信系统、路网综合调度指挥信息系统。

① 综合监视功能。通过采集全路网的视频图像、行车、客运及各主要控制系统运行信息，实现对全路网运营情况进行实时监视。

② 数据共享功能。通过收集线路相关的建筑和机电系统设计及竣工图纸、线路沿线视频、车站预录视频、线网应急资源等信息，供路网日常协调和突发事件应急处置使用。

③ 应急处置功能。集成专用调度电话、应急通知系统、热线电话、公务电话等多种通信手段，并以此为基础与市政府相关应急主管部门、公安、消防、急救、交通管理、公交等部门建立联系机制，以预案为基础，进行事件接警、处置、事后分

析流程等工作。

④ 辅助决策功能。通过对ACC系统提供的每日路网客流数据进行分析，得出线网客流在各运营区段上的分时断面流量，找出线网客流的分布规律，进而通过与列车运营图的比对，分析出路网运能、运力的匹配关系；编制全路网的列车运行计划，从而达到优化路网运行计划的目的。通过辅助决策功能，还可对突发事件情况下的客流分布进行仿真，为调度员处置突发事件提供决策支持。

4.2.3 指挥中心大厦

指挥中心大厦工程建筑规模约6万m^2，可容纳14条线路控制中心和相关配套设备，TCC/ACC系统设备，以及通信、后备中心、楼宇等配套系统设施。采用钢管桁架结构的无柱圆形调度指挥中心大厅直径达72m、高12m，其构造复杂性、施工难度之大成为世界首创；并采用多种降低噪声、防止光线漫反射、消防等技术措施，为调度人员提供符合人体工程学要求的办公环境（图4-15）。

图4-15 指挥中心大厦

4.2.4 指挥中心项目创新

（1）集中指挥协调是行业内全新的运营模式。

2008年指挥中心投入运营，一次接入8条线路，北京轨道交通由传统的线路中心（LC）、车站中心（SC）两级管理模式，转变为指挥中心、LC、SC三级管理模式。三级管理模式下各线不再是孤立的运行线路，而是路网的组成之一。三级模式下，能够针对突发事件快速反应、集中资源、统一协调，可以实现票卡的统一配送，运营参数的统一下载等；解决了多线运营商独立指挥的缺陷；在轨道交通行业内是一种全新模式。

（2）综合信息平台及工程技术规范在业内开创了先例。

综合信息平台及工程技术规范是指挥中心项目中形成的两大重要成果。综合信息平台集成了非接触式IC卡、网络视频、大型数据库、大型网络存储设备等新型技术。其中票务清算系统设计容量为4h内处理1000万人次、3000万元人民币交易，在国内外轨道交通清算领域处于领先地位。而工程技术规范、业务规则、调度规则等，则统一了ACC/AFC系统建设、TCC/OCC建设标准，在行业内尚属首创。

（3）项目管理模式的创新。

指挥中心建设期间，同步有8条线路在建或改造，涉及4家业主单位、数十家承包商，工程管理复杂、难度大。指挥中心建设过程中，由政府牵头，联合运营单位、建设单位共同组成北京轨道交通网络化运营沟通协调机制，统一筹划、统一实施，加强各工程建设之间的沟通协调，及时解决工程建设和运营筹备中涉及到网络化运营、需各单位相互配合的重大问题。

（4）清算模式的创新。

指挥中心建设期间，联合高校研究出适合轨道交通的“两阶段，双比例”清分模型，形成一套清分模型软件系统。综合考虑乘客旅行时间、换乘复杂度等因素，通过多路径时各路径的选择比例、单路径中各运营商承担的运营里程比例等，实现票款在各运营主体之间的准确清分。该清分方法在国内外均属首创，已开始被部分城市借鉴、学习。

4.2.5 项目效益

北京市轨道交通指挥中心已于2008年投入使用，运行稳定，基本实现了全部设计目标。

开通运行以来，高峰日处理客流近500万人次，累计发行票卡700万张以上，在2008年奥运交通保障中作出了突出贡献。

指挥中心在推动轨道交通发展、提高应急处置效率、为政策决策提供支持、节约资源、降低建设成本等方面具有良好的社会效益和推广借鉴意义。

（1）共享信息、保障安全，提升行业服务水平，凸显社会效益。

① 提升运营管理效率，提高应急处置能力。创新成果实施前，轨道交通运营企业与政府各职能部门及相关单位之间分别联络，接口众多，协调效率较低，而创新

成果实施后，简化了接口关系，提高了协调效率；各线路系统通过TCC系统构成一个联动的网络，实现信息集中和共享，满足了轨道交通高度集中、统一指挥的运营管理需要指挥中心建成前后接口关系对比如图4-16所示。

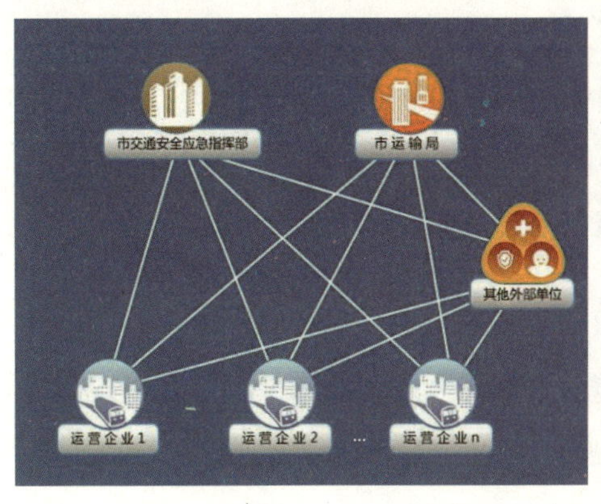

a）

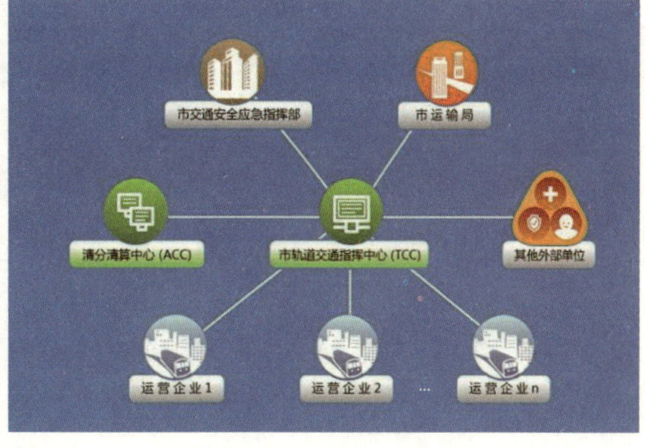

b）

图4-16　指挥中心建成前后接口关系对比图

a）指挥中心建成前接口关系；b）指挥中心建成后接口关系

② 提升行业服务水平，加快城市轨道交通发展。通过智能化综合信息系统管理平台建设，提升了行业服务水平，促进了北京轨道交通快速发展，为改善北京交通环境作出了贡献。具体体现如表4-1所示。

表4-1　指挥中心实施效果

项　　目	指挥中心项目实施前	指挥中心项目实施后
清分清算	无法做到多运营主体清分	通过ACC信息系统自动实现清分清算
票　　卡	使用一次性纸票，人工统计客流等信息	票卡可反复使用，绿色环保，通过电子票卡自动统计客流等信息
客运组织	采用有障碍换乘，乘客需进行二次进站；各线独立发布乘客信息	实现无障碍换乘；统一发布乘客信息，方便乘客出行
行车组织	依据客流调查结果，制订运力计划；各线路独立制订运力计划	依据系统采集客流数据，制订运力计划；各线协调制订运力计划，换乘节点合理衔接，节省了乘客出行成本
运营信息	客流数据主要根据客流调查，无法精确统计；各线运营信息独立，分散报送	客流数据依据联网收费系统采集，信息统计实现合理化、科学化；整合各线运营信息，实现统一报送
调度指挥	一线一中心，独立指挥	多线同厅运作，协同调度指挥
控制中心运营维护	分线维护	统一维护，节约人力成本30%

（2）节约资源，降低轨道交通控制中心重复建设成本，具备明显经济效益。

① 节省土地资源占用及相应建设成本。通过将14条轨道交通线路控制中心（OCC）与路网指挥调度中心（TCC）集中设置，土建工程一次建成，节省了大量建设用地。如果各轨道交通线路OCC单独征地拆迁，按每条线OCC占地1667m^2（容积率按3计算），14条线路共占用土地14×1667m^2=23338m^2；而小营指挥中心占地24000m^2，OCC部分占地按面积分配为24000m^2×31083m^2/59921m^2 = 12450m^2，节约土地10888m^2。同时，线路控制中心集中后，新建各线路不需再单独建设控制中心，相应的建设成本也得到节省。

② 节约能源耗用。集中设置OCC大幅度节约了生产和附属用房的面积，也大幅度降低了能源消耗。OCC按轨道交通线路单独建设，建筑面积在5000m^{2}左右，而集中建设后平均每条线2220m^2，14条线路共节约建筑面积（5000m^2－2220m^2）×14=38920m^2。如果每平方米每年耗电（含空调、照明、采暖等）按400kW计算，共可节约能耗38920×400 = 1556万kW，每年可节约能源费用上千万元。

③ 降低运营维护人员成本。在传统“一线一中心”建设模式下，每条线路OCC均需要单独配置各专业的运营及维护人员，且多为7×24h值守，而在高度集中的方式下，所有线路可以实现统一的维护管理，晚班值守人员也可优化共享，大大减少运营及维护人员的定员配置，每年可降低运营维护人员成本约3000万元。

（3）积累丰富轨道交通网络化运营经验，为其他城市提供借鉴模式，具有市场推广价值。

北京市轨道交通指挥中心建成后，国内及国外的众多专家前来学习借鉴。上海、成都、深圳、武汉等城市的有关专家参观北京轨道交通指挥中心后，认为北京轨道交通运营管理体系是轨道交通行业的一次创新壮举，具有广泛的借鉴意义和推广价值。

4.3 出租汽车调度中心

建设出租汽车调度中心，是增加出租汽车产业科技含量，提高经济效益和社会效益的重要手段，是将分散运营转变为集中统一管理的重要步骤，可以提高城市安全保障程度，提升城市文明形象，实现出租行业总体发展目标。

北京出租汽车调度中心采用GPS卫星定位技术、GPRS无线网络平台等高新技术，具有计算机自动调度管理、无线数传、语音通信等诸多功能，是集约车、派车、调度、录音、报警监控、数据维护、GIS地图为一体的综合调度网络（图4-17）。出租汽车调度中心的建立，实现了通过拨打特服电话（号码为96103、961001）预约出租汽车服务，提高了首都出租汽车行业服务水平，对缓解交通拥堵、降低大气污染、减少空驶、增加出租汽车驾驶员收入、提高运营效率都起到积极作用。

图4-17　出租汽车调度中心

中心已实现卫星定位、无线通信、调度、监控报警、监听、免提通话、实时监控等多种功能。奥运会期间，还提供了多语种（英语、日语、韩语、德语、法语、俄语、西班牙语、阿拉伯语）服务，通过车载终端实现顾客、驾驶员和外语呼叫服务人员三方通话，实现远程外语实时翻译。后奥运时期，中心仍可实现7×24h的英语翻译服务。GPS车载终端主机、显示器及车载电话等产品如图4-18所示。

图4-18　GPS车载终端主机、显示器及车载电话等产品

奥运会期间，调度中心为北京84家出租汽车公司2万辆出租汽车提供调度和多国语言在线翻译服务，为媒体村、奥运中心区、各比赛场馆、北京南站等地点发布出

租汽车紧急用车信息，保证了上述场地的客人用车，得到中外来宾的好评。

4.4 奥运大家庭交通运输服务

4.4.1 北京奥运车辆监控调度综合管理系统

北京奥运会的顺利进行离不开有效的交通组织与管理。依据交通状况对在途车辆进行实时监控和智能调度，为决策者提供交通组织决策参考信息，保障奥运会成功举办。

北京奥运车辆监控调度综合管理系统是一个满足奥运会交通服务标准、适应北京实际情况的奥运交通服务车辆指挥调度信息化管理平台，通过借鉴往届奥运会交通服务运行成功模式，充分利用GPS全球定位技术、GPRS无线通信技术和计算机软件系统等技术，并与其他奥运车辆信息管理系统相结合，可以实时监控、掌握车辆分布，进行可靠、及时、灵活的调度，平衡运输供给，保证高水平的交通服务。同时，该系统的设计具备一定的可复制性。奥运会结束后，此系统也可广泛应用在类似的大型活动的交通组织管理之中。

4.4.1.1 系统框架

根据奥运车辆运行服务中的要求，奥运交通服务车辆将按照交通运行中心、交通运行分中心、各场站/场馆/媒体饭店等三级模式来组织运行，上级中心对下级中心进行控制和管理，下级中心能够及时上报运行信息，从而形成一个快速联动的有机整体，如图4-19所示。系统框架如图4-20所示。

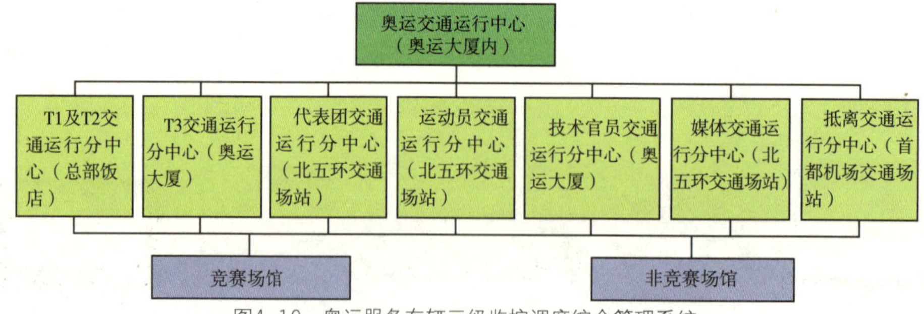

图4-19 奥运服务车辆三级监控调度综合管理系统

4.4.1.2 系统功能

（1）建立了奥运交通服务基础地理信息数据库，采集并建立相关奥运交通服务基础地理信息数据库，是实现车辆GPS监控系统的基础任务，包括以下几类基础地理信息：奥运竞赛场馆、训练馆；奥运饭店、机场、奥运村；交通服务场站、调度站；奥运专用车道；奥运班车行车路线；官方指定的旅游景点；车辆维修站；加油站；医院；购物点等。

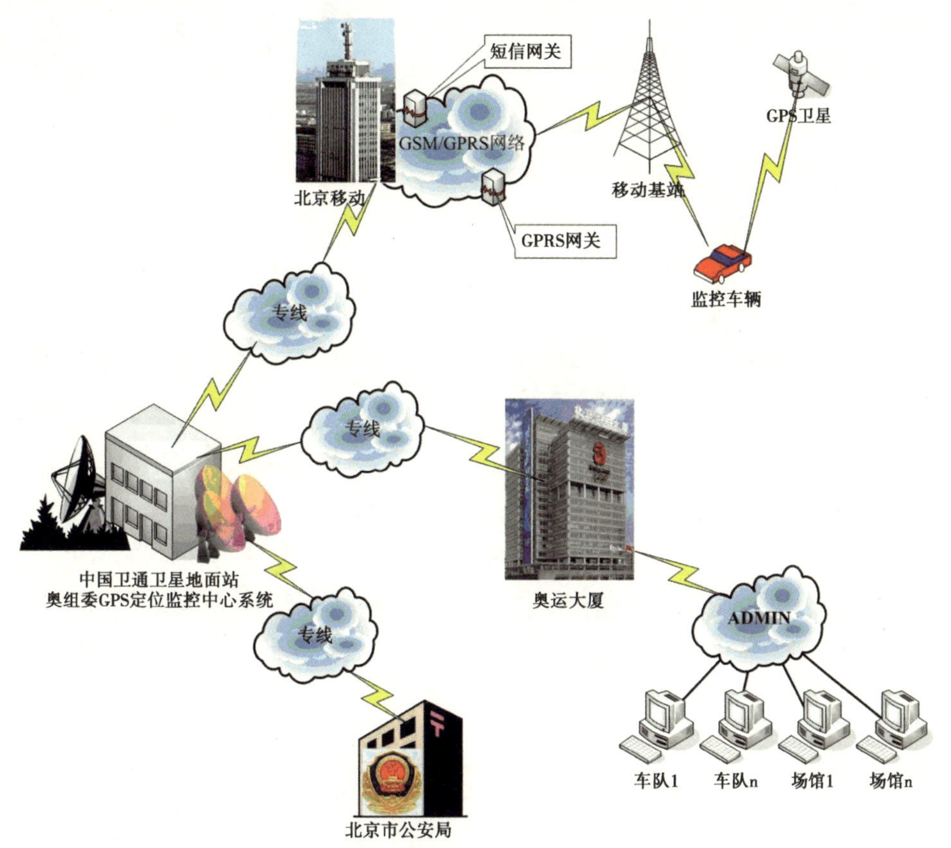

图4-20　系统框架

（2）实现了对奥运车辆动态实时监控、报警处理和运行数据统计分析。利用GPS全球卫星定位系统对奥运交通服务车辆运行状况进行全程监控，并在奥运交通服务电子地图中实时显示，自动比较运行状态与运行计划差异，对于异常情况自动报警，提示制订并执行应急运力调配预案，对所有车辆运行状况和行驶轨迹作为交通运行信息存储。

（3）实现了对奥运交通服务车辆的日常运行过程和数据进行采集、汇总和加工处理，通过进行分类和分析，寻找出相关规律，为运营指挥提供决策支持。运营分析主要指运营计划完成情况统计及运营成果统计分析。应包括的汇总统计资料有运营里程、空载里程、载客里程、出车次数、运营速度、按线路满载率、出车率、准点率、车辆事故及故障汇总分析等。

4.4.1.3　系统应用

奥运会和残奥会期间，各交通团队通过GPS定位监控系统掌握所辖车辆的位置、行驶轨迹、车速等情况。对于发生的几起严重事故调取了车辆的行驶轨迹，掌握了车辆事故前的行驶路线和车速，对于判断事故发生原因和事故定性提供了有力的依据。对于赛时个别贵宾需要前往安保范围外的场所，交通部通过GPS系统对车辆进行实时跟踪，掌握车辆的情况，确保乘客安全。

4.4.2　T3运输调度系统

T3交通服务是指对持有T3类别身份注册卡的客人提供配有驾驶员的车辆，类似于免费出租汽车服务，有预约和即时两种服务方式。持有T3类别身份注册卡的客人包括：国际奥委会、国际单项体育联合会和国家(地区)奥委会等客人和国际奥委会指定的人员。T3运输调度流程如图4-21所示。

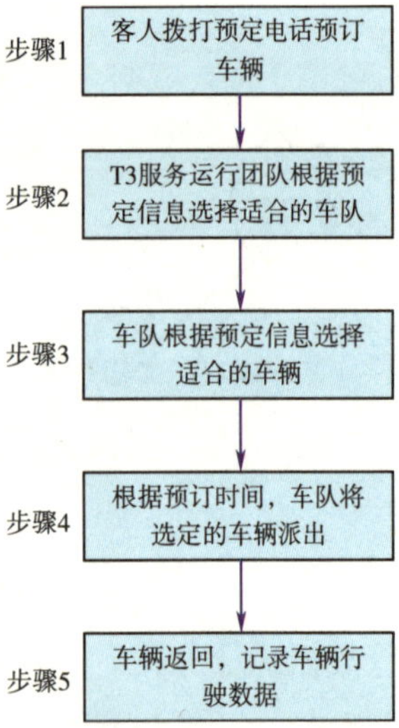

步骤1　客人拨打预定电话预订车辆

步骤2　T3服务运行团队根据预定信息选择适合的车队

步骤3　车队根据预定信息选择适合的车辆

步骤4　根据预订时间，车队将选定的车辆派出

步骤5　车辆返回，记录车辆行驶数据

图4-21　调度流程

T3运输调度系统是在雅典奥运会的客车预定系统基础上，根据北京奥运会交通运行的实际情况，结合北京奥运会实际使用需求，对原系统模块进行规划、修改、整合，保留了T3车辆预定模块，主要处理贵宾的车辆预约需求。

自2005年10月系统启动到2008年9月残奥会闭幕后系统关闭，共历时48个月，历经系统试用、测试赛后修订、赛前系统培训部署和奥运会赛时实战等阶段，系统建设按时完成，赛时运行稳定可靠，为举办一届“有特色、高水平”的奥运会、实现“两个奥运、同样精彩”的目标作出了积极贡献。

T3小客车调度系统运行分工为：

步骤1由T3呼叫中心完成，步骤2由T3交通服务运行团队完成，步骤3、4、5由T3团队下属车队完成。

根据T3预定车辆的运行模式，系统由1个基础信息模块和3个运行模块组成。

（1）基础信息模块：记录T3团队下属车辆、运行地点的基本信息，以便在运行阶段根据预定信息为订单配置车辆。

（2）车辆预定模块：主要用于接受客人订单，记录客人对车辆的各种需求信息。

（3）团队模块：团队将接到的订单分配给下属的车队。

（4）车队模块：主要用于车队为订单分配并派遣车辆，并在车辆运行结束后将相关行驶数据录入系统。

T3呼叫中心设定了16个话务坐席，用于接听贵宾的订车电话。坐席可提供中文、英语、法语、德语、西班牙语、日及俄语7种语言服务。每个坐席配置1部电脑、1部耳麦电话，当有预订电话打入时，志愿者首先需根据客人提供的注册证号获取客人的详细信息，在确认客人的交通级别符合订车需求后，根据页面上的信息逐一与订车客人确认并录入系统。T3呼叫中心将订车信息录入系统后10min内，T3团队即可在系统上看到该订单。

T3小客车预定系统自2008年7月25日8:00正式启用，至2008年8月28日18:00停止使用，历时35天。残奥会T3小客车预定系统自9月1日8:00正式启用，至9月20日18:00停止使用，历时20天。系统运行期间为24h不间断运转。奥运会期间，录入车辆数据1054条、录入服务地点数据157条、收到并处理车辆预订单3744个；残奥会期间，录入车辆数据417条、录入服务地点数据75条、收到并处理车辆预订单1600个。

4.5 长途客运枢纽信息系统

4.5.1 北京六里桥客运主枢纽信息系统

北京六里桥客运主枢纽占地总面积200亩，位于京石高速公路北京起点、西三环六里桥西南侧，是北京市规划八大交通枢纽中唯一以外埠公路长途客运与市区公交衔接换乘为主的综合客运枢纽（图4-22）。枢纽以省际长途客运为主，集公交、长途、出租、地铁为一体，是国家级省际客运枢纽之一，于2005年初投入运营。

图4-22 六里桥综合客运枢纽鸟瞰图

为更好地为乘客提供优质服务，充分发挥主枢纽各项功能作用，2005年北京六里桥客运主枢纽信息系统开始立项建设，2008年6月系统投入使用，主要包括：一个数据中心和旅客服务、运营管理、综合换乘、交通诱导、监控指挥及信息交换五个服务系统。监控指挥中心如图4-23所示。

图4-23 监控指挥中心

系统应用了GPS、无线网络、浮动车等多项先进技术，实现了对进站车辆、旅客出行、行包快运的全方位信息化管理，基本形成站内长途客车与进站公交、出租汽车和社会车辆之间综合换乘信息以及企业与政府管理部门之间的互通，从而真正发挥综合客运枢纽的各项功能。系统的投入使用全面提高了场站各项管理水平，带动了场站运营管理的规范化，为旅客提供了方便、安全、快捷服务。站内显示屏如图4-24所示。

图4-24 电子显示屏

4.5.2 北京赵公口客运站信息化管理系统

北京赵公口客运站信息化管理系统功能主要包括：对进站客运公司、客运车辆、司乘人员的“一卡通”计算机信息化管理，客货行包的计算机管理，旅客订票取票的计算机管理，对进站客运公司费用核算管理，停车场的计算机“一卡通”管理，客运场站的视频监控系统。图4-25为祥龙赵公口客运站。

图4-25 祥龙赵公口客运站

系统投入使用以来，提高了赵公口客运场站的管理和安全运营水平，方便了旅客的出行，为北京客运场站的信息化建设与管理提供了示范作用，主要包括：

（1）应用射频技术开发“一卡通”系统，对进出站的客运公司及车辆、司乘人员实现计算机化管理和安全监控；

（2）对行包和小件行李实现了计算机化管理，提高了行包受理速度，降低了差错率，行包到站实现大屏幕发布；

（3）客票实现计算机化管理，订票时间缩短了90%；

（4）客运站与进站公司经营核算实现计算机化管理，增加了透明度，避免现金结算的发生；

（5）社会停车场实现各种社会车辆“一卡通”计算机化管理；

（6）24h监控系统，为客运站安全运营和应对突发事件的处理能力提供了有力的保障（图4-26）。

图4-26 监控室和电子显示屏

4.6 省际长途联网售票系统

北京省际长途客运联网售票系统是2004年市政府为民办理的56件实事之一。系统统一了客运站售票、检票、调度、结算等主要客运业务操作规程，采用集中与分布相结合的组织模式，将10家客运站的营运信息囊括其中，各站的管理系统通过共享售票数据联合起来，建立“联邦式的客运管理系统”，实现了各客运站不同主体间的信息共享。

该系统涵盖本市10个长途客运站、一个票务管理中心、省际客运门户网站（www.e2go.com.cn）、近百家社会代售点。实现了站间互售、代理点代售、网上预定及查询。基于该系统的建成，为北京交通服务热线提供了数据检索接口，并深入开发了代理点售票系统、站间配载系统。北京市省际客运联网售票代理点分布示意图如图4-27所示，省际长途联网售票指标对比如图4-28所示，省际客运联网售票系统功能与结构如图4-29所示，省际长途联网售票网站如图4-30所示。

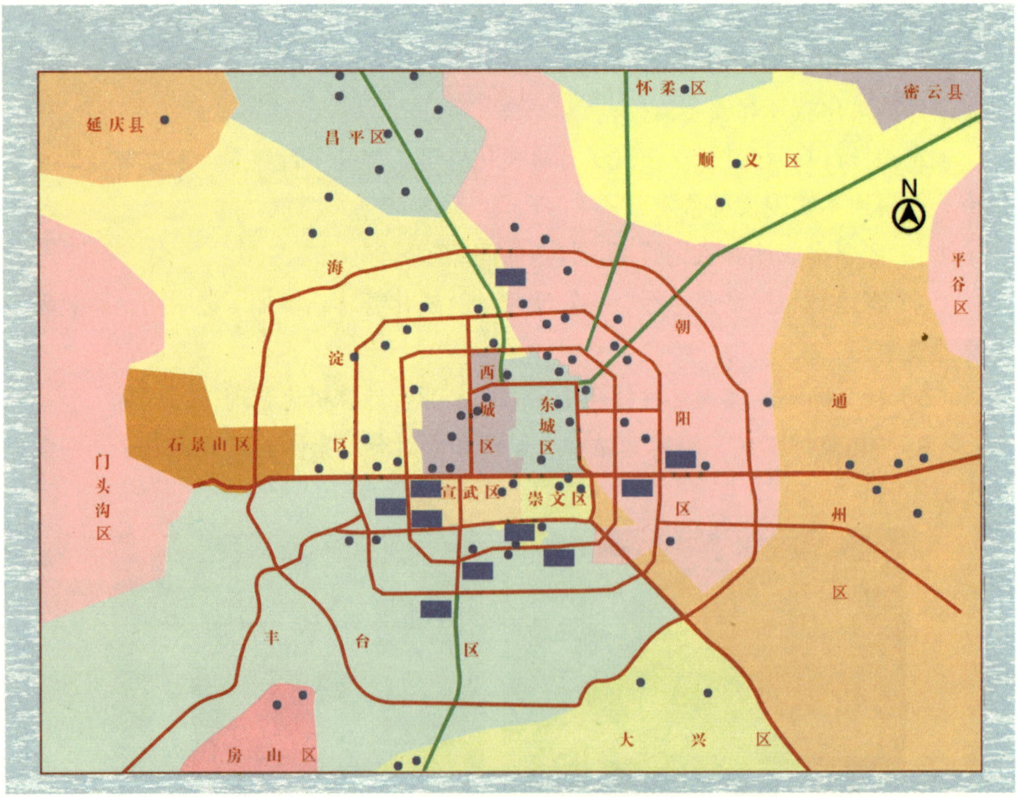

图4-27 省际客运联网售票点分布

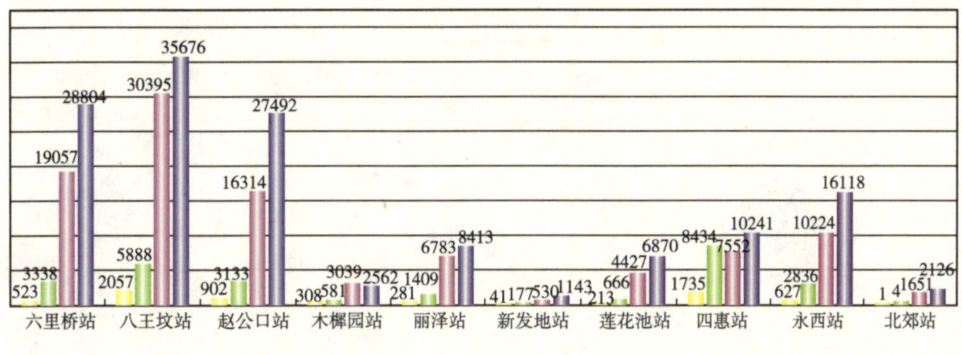

a）

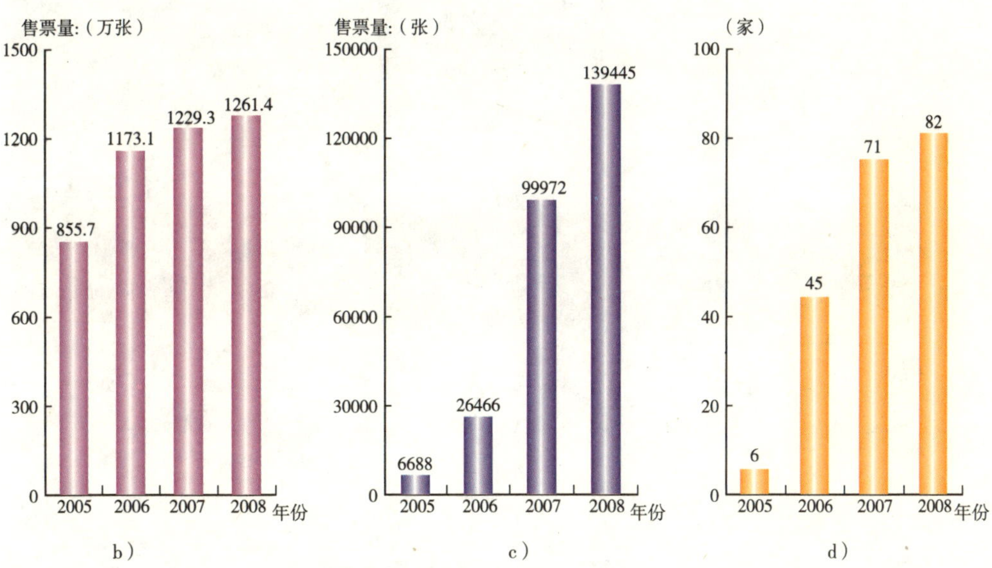

b） c） d）

图4-28 2005～2008年全市省际长途联网售票指标对比

a）全市客运站被代售票数量对比；b）客运站联网售票总量对比

c）代理点售票总量对比；d）代理点数量对比

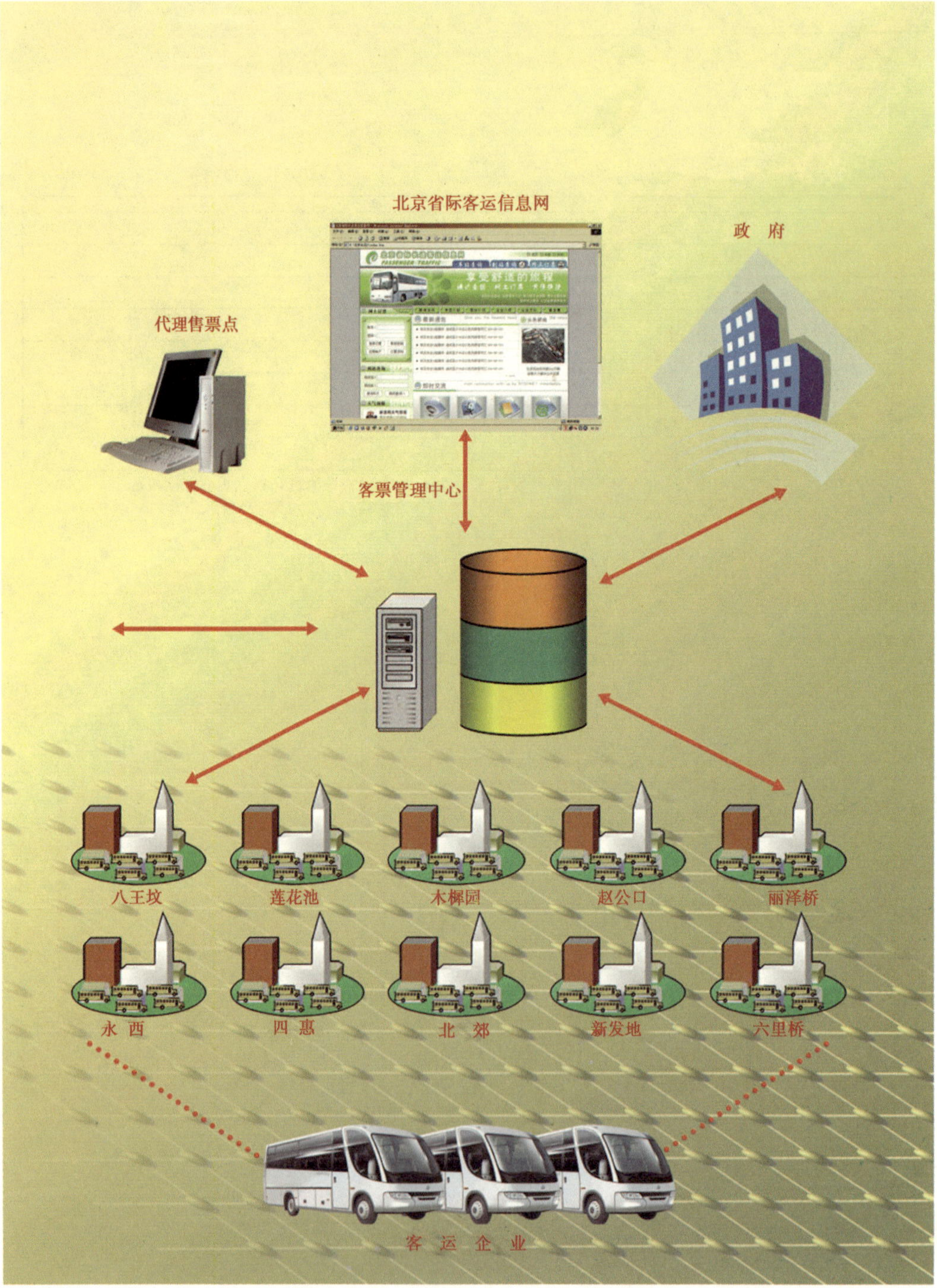

北京省际客运信息网

政 府

代理售票点

客票管理中心

八王坟 莲花池 木樨园 赵公口 丽泽桥

永 西 四 惠 北 郊 新发地 六里桥

客 运 企 业

图4-29 省际客运联网售票系统功能与结构

北京省际客运信息网
PASSENGER TRAFFIC
返回首页
WWW.E2GO.COM.CN

享受舒适的旅程
通达全国 网上订票 方便快捷
省际长途客运 全程豪华大巴 每日数百条线路 通达全国各地
提供专业服务 让您备感尊崇享受

网上订票

帐号：
密码：
登录 取回密码
注册 订票须知

网站导航 线路查询 网上订票 建议与投诉 行业信息

最新运营信息通告 The Newest Transportation Infomation
本栏目内容动态更新，为方便出行，请您随时关注！

- 发布关于北郊长途汽车站开通河北丰宁班车通知（2009年5月21日）
- 发布关于部分省际客运班车在本市内二次进入新发地、北郊客运站停靠载客的通知（2009年4月13日）
- 发布四惠客运站开通安徽宿州班车通知（2009年3月27日）
- 发布赵公口客运站2月20日因雪天气停班情况表（2009年2月20日）

更多公告...

线路查询 SEARCH
根据目的地名称查询线路
到达站：输入地名，如"天津"
查询车次 高级查询>>

天气预报 SERVICE

新浪网天气预报
国内顶级门户网站

国家气象中心
National Climate Center

搜狐网天气预报
国内顶级门户网站

信息之窗 AFFICHE

- 八王坟客运站关于虎跃快客...
- 北京八王坟长途客运站关

节日期间以下各站点可
点击名称查看详细信息

六里桥：(86)010-83831716
(86)010-83831717

线路查询 Search The Lines Infomation by Map
点击下面地图中的车辆标志，即可查询到对应客运站全部运营线路！

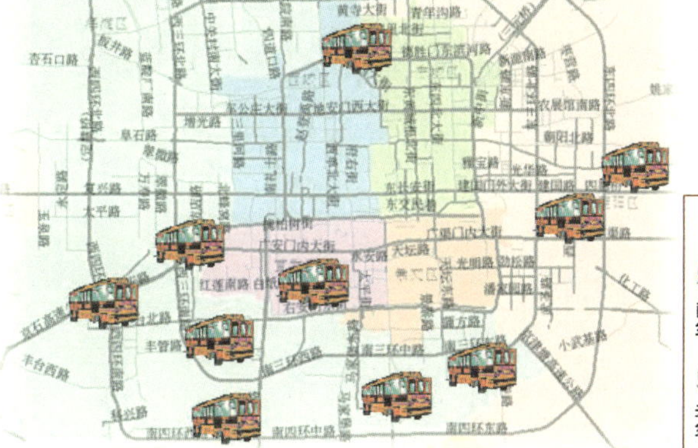

北京站代理点（东城区）：(86)010-85115834
东方金雅（东城区）：(86)010-84038943
木樨园代理点（丰台区）：(86)010-87806206，87806207
官园代理点（西城区）：(86)010-66182273，66188019
海淀中关村代理点（海淀区）：(86)010-62637071，62637051
西客站地下北一代理点（海淀区）：(86)010-51935328
望京花家地代理点（朝阳区）：(86)010-64736253
木樨园百荣世贸商城代理点（一楼东侧）：(86)010-87802708
北京站西代理点（站广场西侧部队招待所院内）：(86)010-65246006
八方裕通代理点（东直门）：(86)010-64626548
北京大兴银燕（大兴区）：(86)010-69233531
北京亦庄银燕（大兴区）：(86)010-67884352

友情链接 Links list

图4-30 省际长途联网售票网站

4.7 技术创新

（1）智能化公交运营管理调度系统。提出并成功建立了智能化公交运营管理调度系统，突破了在公交运营组织调度、公交线路发车频率优化双层规划模型和线路车辆配置模型、地面公交运力资源优化配置、突发事件自动响应、奥运公交运输方案压力测试、大规模奥运公交应急救援等技术瓶颈。建成一个总调度中心、6个分调度中心和34条奥运公交专线的调度系统，成功完成奥运公交运输保障。

（2）轨道交通网络化运营管理及调度技术。实现轨道交通路网票务清算管理、路网调度指挥和应急处置三大功能；开创了行业内集中指挥协调的全新模式，在综合信息平台及工程技术规划、项目管理模式和清算模式等方面取得创新成果；有效提高了运营管理效率和服务水平。

（3）基于出租汽车的调度系统。针对奥运出租汽车服务需求，设计并建设了多语言电话叫车系统；实现了卫星定位、无线通信、调度、监控报警、监听、免提通话、实时监控等多种功能，提供了多语种（英语、日语、韩语、德语、法语、俄语、西班牙语、阿拉伯语）服务，实现远程外语实时翻译；为媒体村、奥运中心区、各比赛场馆、北京南站等地点发布出租汽车紧急用车信息，保证了上述场地的客人用车。

5 动态交通信息服务系统

随着经济的快速发展，公众对交通信息的需求日益增长。近年来，交通信息资源不断丰富，交通信息服务的手段逐渐完善，信息技术更多地应用到交通运输领域。为响应建设“服务型政府”的号召，满足交通信息服务的需求，并在信息服务能力不断增强的基础上，开展综合交通信息服务研究，进行了示范工程系统的建设。

2004年，系统研发正式启动之时，我国还没有开展过类似的系统建设。国外发达国家尽管开展了公众出行交通信息服务系统的建设，但是与我国的情况有较大差别，难以直接引用。例如，日本的VICS系统比较好地为公众出行提供实时信息，但它是基于完善的固定检测器布置的；美国的511信息系统提供的实时路况信息主要针对高速公路而缺乏城市道路。我国的情况是，公众日常出行的范围主要集中在交通信息采集密度低的市域范围内。因此，需要针对我国的特定情况，设计和建设综合交通信息服务系统，为公众提供综合、完善、及时的交通信息。

该系统的设计以北京市现有交通运输信息资源为基础，通过信息资源整合和必要的工程建设，为公众提供实用的综合交通信息服务，建立应用示范工程。研究按照用户需求分析、服务功能设计、系统物理架构设计三个阶段依次开展设计，保证了系统设计内容及实施的全面性、合理性、逻辑性、完整性和规范性。在技术上实现了信息采集、传输、数据处理平台及多种信息发布方式的设计、软硬件测试及实施方案，重点解决了浮动车、多源异构交通数据融合与加工处理、交通综合信息服务系统软、硬件集成等几项关键技术。

5.1 概况

奥运交通信息服务系统是国内第一套具有自主知识产权的实时交通信息服务系统，是目前国际上规模最大的浮动车实用系统。浮动车的在线数量达到创纪录的13000多辆出租汽车，是国内建立先进交通信息服务系统（ATIS）的重要组成。

此系统是一种能为广大城市出行者提供动态路况信息服务的实时交通信息系统。它采用目前国际上最先进的基于浮动车的动态交通信息采集思想，同时具备集成人工采集和感应线圈等多种交通信息源的能力，通过对动态交通信息的实时处理，形成可覆盖城市的大多数区域并能定时更新的高质量的实时路况信息。系统可为车辆出行、企业运输、交通控制等提供有效的交通流诱导信息，从而满足公众、企业和政府部门越来越迫切的交通信息需求。

系统可对浮动车采集的大规模数据进行高效、准确的处理，生成能够覆盖城市的大多数区域、反映城市道路交通流信息的路况信息以及较长道路分段的实时交通流信息。系统可将这些城市路网路况信息通过Web、数字广播、无线移动通信等多种方式进行实时发布。

奥运交通信息服务系统目前已经在北京市得到应用，公众可以通过Web和多种移动终端，获取动态交通信息服务，通过综合性交通信息网站获取各种出行信息服务：

（1）通过互联网查询北京城市实时交通路况网站(http://eye.bjjt.cn)查看全市路况信息，基于位置查询路段路况；

（2）通过手机以短信查询路况并获取路径规划服务，通过WAP获取北京市区域交通路况；

（3）通过PDA或其他智能终端实时接收和显示城市交通路况信息，获得动态导航服务；

（4）车载终端通过FM调频负载波接收实时交通路况信息，为驾驶员提供全市路况信息和动态导航服务；

（5）面向出行者提供全面和多样化的出行信息服务，其服务内容涵盖了公众出行所需的各个方面。

5.2 建设思路与技术方案

5.2.1 建设思路

动态交通信息服务系统建设涉及的内容包括交通数据采集与接入、通信网络、交通数据处理、交通信息发布四部分。建设过程分为三个阶段：理论研究、应用研究及示范工程。总体思路如图 5-1 所示。

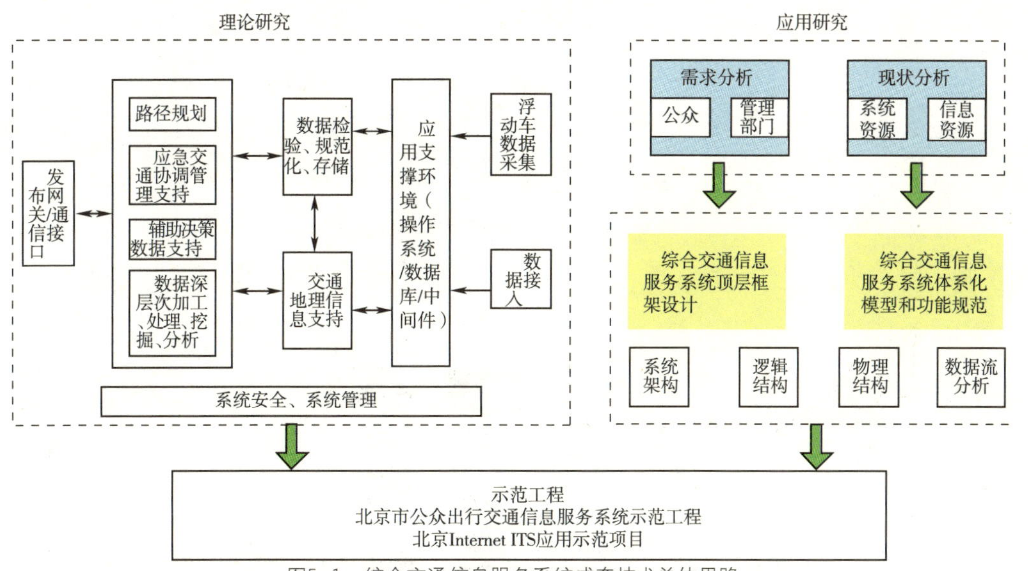

图5-1　综合交通信息服务系统成套技术总体思路

（1）理论研究：交通数据采集与接入是系统的数据基础；通信网络为系统数据传递和信息发布提供了网络平台；数据处理系统是系统的枢纽，负责采集与接入数据的初步处理和存储以及数据的深层次分析，数据经过各应用子系统生成可用于面向用户发布的交通信息；通过信息发布系统，各种出行模式的交通出行者可以在出行前、出行中通过多种方式获得各类交通信息服务。

（2）应用研究：对广大公众和管理部门进行广泛、深入、细致地调研，充分分析用户需求，在此基础上结合现有数据资源状况，设计以服务功能为核心的综合交通信息服务系统顶层框架，并提出具有通用性的综合交通信息服务系统架构，建立综合交通信息服务系统体系化模型和功能规范。

（3）示范工程：在理论研究和应用研究的基础上，依托交通部交通信息化示范工程——“北京市公众出行交通信息服务系统示范工程”和国家发展改革委下一代互联网示范工程——“北京 Internet ITS 应用示范项目”，提出示范工程的服务内容，确定示范工程的建设内容，设计示范工程的总体结构及各个分项的详细技术方案，按照实施计划切实保证示范工程顺利建设。

5.2.2　技术方案

从交通数据的采集、处理、发布的流程角度来讲，综合交通信息服务系统主要包括交通数据采集与接入、通信网络、交通数据处理、交通信息发布四部分。

交通数据采集与接入是系统的数据基础；通信网络为系统数据传递和信息发布提供了网络平台；数据处理系统是系统的枢纽，负责采集与接入数据的初步处理和存储以及数据的深层次分析，数据经过各应用子系统生成可用于面向用户发布的交通信息；数据发布系统，为用户提供多种获取交通信息的方式，通过这些方式，各种出行方式的交通出行者可以在出行前、出行中获得各类交通信息服务。总体架构图如图 5-2 所示。

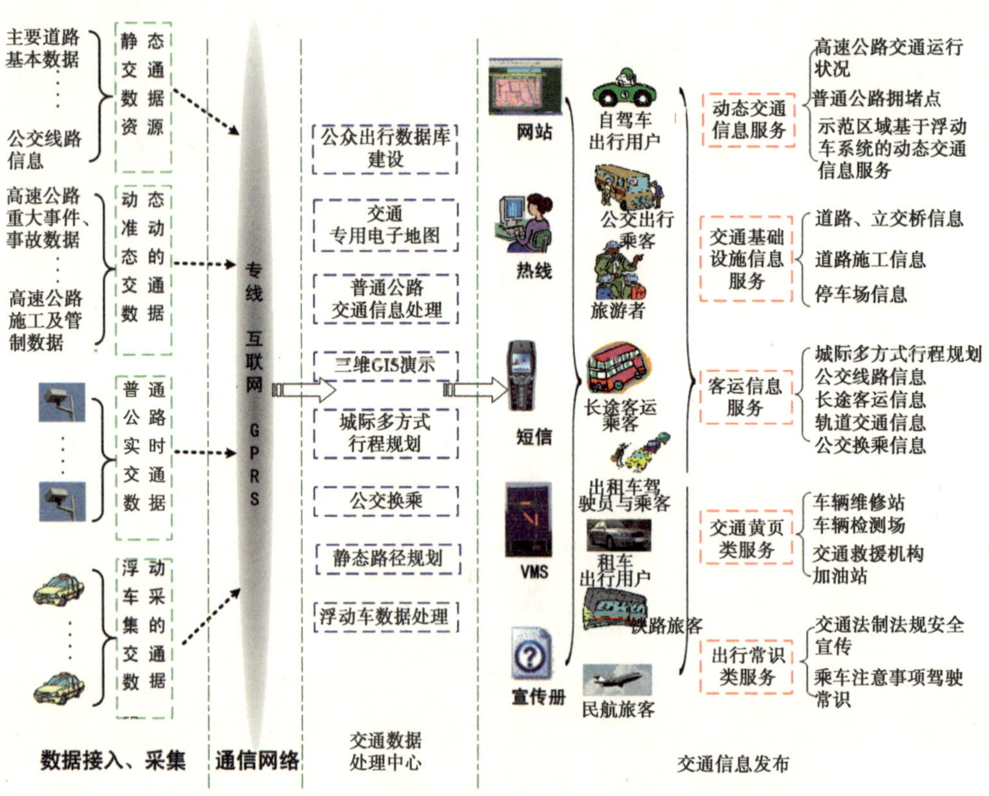

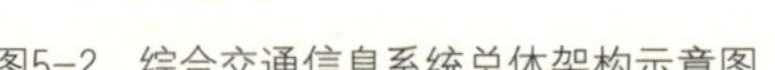
图5-2　综合交通信息系统总体架构示意图

基于浮动车的交通信息服务系统是在借鉴国外浮动车技术基本理念的基础上，结合国内城市路网和交通特点、浮动车数据特征，面向公众服务的实用交通信息服务系统。

根据数据在处理过程中的不同特点，基于浮动车的交通信息服务系统主要分为多源数据集成、路况数据综合处理、交通信息发布服务三个系统（图 5-3）。三个系统是整体系统不可或缺的组成部分，但是在设计实现上保持功能上相对独立，便于系统、功能和服务的扩展。

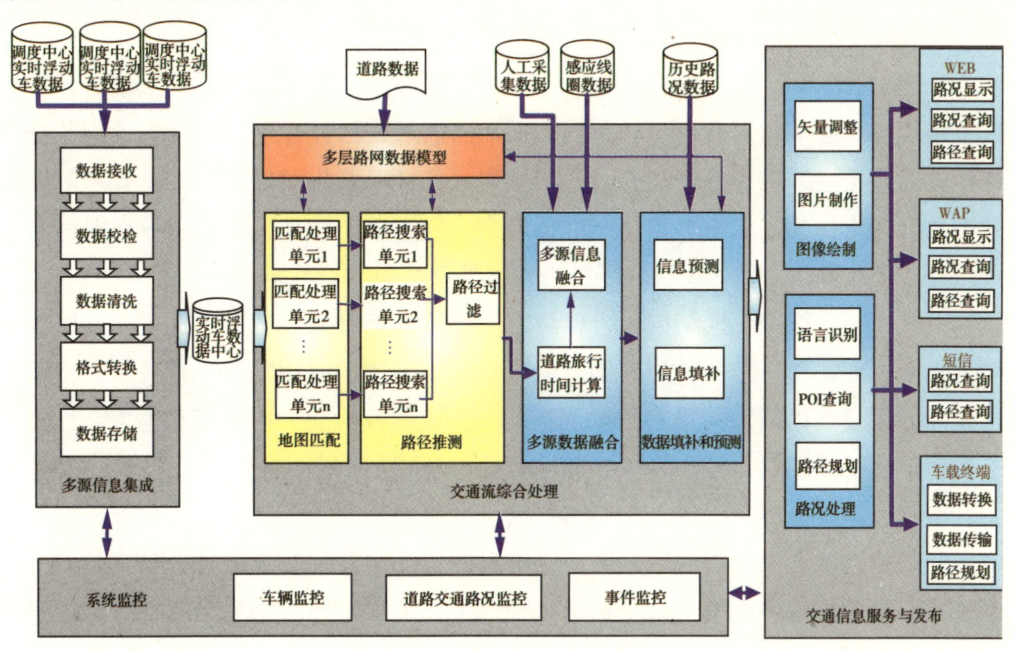

图5-3　浮动车关键技术流程

多源数据集成系统处于整个系统的前端，根据不同的数据源数据特征，采用可配置模块化设计方式，可接收来自多个出租汽车调度中心的浮动车数据，同时也可以接收像磁感线圈数据、交通事件信息等类型的交通数据。

路况数据综合处理系统采用并行流水线式设计方式，基于自主研究的路网模型、路径推测、行驶模式等算法模型，高效处理浮动车数据，并融合其他类型交通数据，最终生成基于路链的描述城市道路交通路况的数据信息。

交通信息发布服务基于SOA(Service Oriented Architecture，面向服务的体系架构）架构及DATEX II规范，开展了服务发布体系架构、交通信息封装、交通信息服务模式、交通信息应用方式等技术研究，所开发的系统满足了服务可配置、交通信息可转换的需求，并最终通过互联网、公众移动网络、调频广播和数字广播等通信方式，面向 PC 机、手机、智能终端和车载终端，向公众出行提供交通路况显示、道路路况信息查询和最优路径查询等实时动态交通信息服务。

交通信息服务系统成套技术包含多项拥有自主知识产权的关键技术，包括多层城市路网数据模型、基于小网格选择的地图匹配、基于向量识别的启发式路径推测、基于多源数据的信息融合、迭代式交通流信息的填补预测以及路况信息准确自适应绘制。以下分别描述这些关键技术。

关键技术一：多层次城市路网数据模型。

处理浮动车数据需要城市交通地理信息系统（GIS – T）的支持。然而，由于大城市路网状况越来越复杂，结构单一的平面路网模型已经无法满足动态交通数据描述和处理的需要，因而迫切需要一种更加先进的针对大规模浮动车数据处理的路网数据模型。为此，提出了多层路网数据模型，它不仅能够完整地表示城市路网的复杂拓扑结构和道路的各种属性，还为高效地处理交通数据奠定基础。

一般来说，路网数据结构包含道路空间数据和道路属性数据。普通的路网数据模型只能表现城市道路的单层视图，无法满足多角度的应用需要。本技术提出的多层路网数据模型以准确的道路数据为基础，通过对数据的分层处理和抽象，可建立一种基于节点—路段—路链的多层路网数据结构和路网拓扑。

与普通路网模型相比较，多层路网模型可以满足交通信息的综合处理和多方面应用的需要，可有效地为地图匹配、路径推测等交通数据的复杂处理奠定基础。在系统下一步大规模数据处理和交通信息预测中，多层路网数据模型可有效地促进高质量的动态交通信息的生成。

关键技术二：基于小网格选择的地图匹配。

地图匹配的过程是将浮动车辆当前所在位置与数字地图进行比较的过程，其目的是要通过比较确定车辆在地图道路网络中的准确位置。比较时输入的数据是浮动车采集的 GPS 的原始数据，输出的是车辆在地图道路上的准确位置。地图匹配可视为推测车辆行驶路径前期必要的准备工作。

一般来说，由于浮动车使用的 GPS 设备具有大于 15m 的圆周误差，而且道路数据的精度也有限，在地图匹配过程中，车辆的轨迹点有可能会与数字地图上多条道路相匹配，因此，需要找出满足条件的全部匹配结果。此外，由于浮动车辆数据规模巨大，而动态交通信息处理要满足实时性的要求，因此，地图匹配算法除了应具有针对大规模 GPS 数据进行实时处理的能力以外，还应提供准确的地图匹配功能。

地图匹配过程主要包括确定将匹配的候选路段以及选择候选路段匹配规则两部分工作。前者将直接影响匹配算法的计算效率，特别是当路网规模增大时它对算法实时性影响愈发明显。

一般来讲，确定匹配候选路段的时间越长，匹配规则越复杂，匹配算法的实时性将越差。虽然原有匹配算法的匹配规则以及为选择匹配候选路段所设定的条件不尽相同，但选取候选路段时都需要遍历整个道路网络，这就使得数据处理的实时性随着道路网络规模的增大而明显下降。

基于小网格选择点地图匹配方法是建立在道路高效索引思想上的，是一种可对大量车辆 GPS 数据进行高效实时处理的地图匹配方法，可满足大规模浮动车数据处理对地图匹配的要求。它采用将地图数据分块、将道路结构分层的思想，利用小网格和路段方向属性作为索引选择候选匹配路段的手段，可大大缩短候选匹配路段的搜索时间，显著地提高计算效率。

关键技术三：基于向量识别的启发式路径推测。

路径推测是一种利用浮动车辆在不同道路上连续运动的轨迹点搜寻车辆正确行驶路径的技术。

一般来说，浮动车采集其 GPS 轨迹点数据的间隔时间较长，一般在 5 ~ 300s 之间（实际应用中多为 30 ~ 120s），使得两个连续轨迹点间跨越距离较大，这就直接影响车辆行进轨迹点搜寻的正确性。因而，需要设计一种专门搜索车辆正确的行驶路径的技术。

就浮动车数据处理而言，一方面，由于浮动车上使用的 GPS 设备一般具有 15m 以上的圆周误差，因此，在地图匹配过程中一辆浮动车行进的轨迹点有可能会被匹配到多条道路上，这将影响匹配的准确性；另一方面，由于浮动车采集的 GPS 轨迹点数据时间间隔较长，两个轨迹点之间有可能存在多条车辆行驶路径，因此，有必要加快搜索车辆可能的行驶路径的过程，以满足数据实时处理需求。可见，浮动车数据处理的路径推测算法既需要高效的计算速度，又要有较高的准确性。

传统路径推测方法主要有两种，一种是渐增式，另一种是全局式。其中，渐增式方法分别针对车辆的每个轨迹点进行路网搜索，通过计算轨迹点与其附近道路的距离，选择与轨迹点距离最小的道路作为匹配结果。全局式方法则使用曲线匹配方法，通过连接连续多个轨迹点形成一条轨迹曲线，并将其与路网中的路径做几何曲线匹配，然后通过计算 Frechet 距离选择近似的路径作为匹配结果。相比较而言，渐增式方法计算简单、处理速度快，但是准确性差；全局式方法从整体考虑，准确性好，但是由于计算复杂，处理速度慢。

本次研究提出了一种基于启发式搜索路径的路径推测算法。该算法集中了上述两种方法的优点。在提高算法的计算速度方面，算法采用了渐增式方法特点：通过将车辆轨迹点所形成的向量与路网模型相比较，同时以几何三角形为约束条件，采用启发式的图片搜索方式，快速地搜索浮动车可能行驶的候选道路。在提高算法的准确性方面，算法采用了全局择优的特点：通过树结构保存与车辆轨迹相符合的所有候选路径，然后比较每条路径上由轨迹点与道路的距离和方向的差值产生的匹配权值，从整体上选择一条最接近车辆轨迹的路径作为匹配结果。

通过研究实现的基于向量识别的启发式路径推测算法具有快速、高效和准确的特点，能较好地适用于我国城市独特的主辅路、立交桥等复杂道路结构，完成复杂路况数据的高效处理。

关键技术四：基于多源数据的信息融合。

经过地图匹配和行车路线推测之后，系统需要根据所有浮动车的行车路线计算其道路旅行的时间，以便将车辆信息与道路交通信息进行对应，并通过融合其他的交通信息，计算出城市道路网络当前实时的交通路况信息。

由于每一辆浮动车提供的数据只能反映其独自行驶路线的交通路况，而一条道路同一时间可能有多辆浮动车行驶，因此需要将这些车辆反映的路况信息进行融合，以便获取给定道路的全面准确的交通路况信息。此外，浮动车技术也具有一定的局限性。例如，当浮动车的数量达不到要求时，道路的交通信息覆盖率就会较低。系统通过将道路行车信息做进一步的融合处理，可望提高道路信息的覆盖程度，有效地为公众提供高质量的动态交通信息服务。因此，需要建立一种对道路交通信息进行实时融合处理的方法，即能对浮动车数据、磁感线圈数据等多源交通数据进行融合处理。

为此，提出了一种浮动车数据路况计算方法。该方法通过对实时动态的浮动车数据进行分析，按照每个车辆的行驶路线，计算出其在不同时间段行驶路段的路况，并在此基础上对路网各条道路的路段路况进行融合处理，计算出道路的综合交通信息。此算法具有可扩展性。它还可融合处理如磁感线圈数据等其他类型的具有标准输入格式的交通信息数据，以此提高道路交通信息的覆盖率和准确性。此外，此技术突破了传统的仅基于路链处理的数据融合方法，通过定义道路地理信息数据格式和道路交通信息数据格式，从多层次角度描述交通信息的格式和内容，将这些信息进行融合，可进一步增强道路交通信息描述的准确性和提供的实用性。

关键技术五：迭代式交通流信息的填补与预测。

虽然目前用出租汽车作为浮动车具有数量多、单车运行时间长等特点，但由于浮动车数据只能反映一辆车的独自行驶路线的交通路况，随机性强；一条道路同一时段内可能有多辆浮动车行驶，但由于系统更新周期慢的原因，可能会造成部分路链内部分路段信息的缺失甚至整条路链信息缺失的情况；此外，由于出租汽车行驶于城市的一些主要街道，这可能造成一些小巷、胡同内、偏僻地区、偏僻路段信息的缺失，为此，需要将这些车辆独自反映的实时路况信息进行填补处理，以便获取有关道路的全面、准确的交通路况信息。

由于融合后的实时交通信息可能仍然无法达到高的路网覆盖率，因此，还需要综合实时数据和历史数据，对缺失数据的道路进行路况信息填补和预测，以提高路网的覆盖率，保证交通信息的全面性。

此次研究提出了一种基于时间迭代、实时数据和历史数据相结合的信息填补处理方法。为了解决由于更新周期短而造成空缺路段和路链信息的问题，可以时间窗的方式对所接收几个周期内的数据做相关融合处理。经过时间窗迭代后，对于仍旧空缺短距离的某个路段或路链，可通过分析当前信息融合处理情况，对一些偏僻地区和某些偏僻路段结合历史信息应用极端填补手段进行信息填补。

关键技术六：路况信息准确自适应绘制。

为了提高实时路况发布的效率和可视性，需要将动态的交通信息叠加到静态的电子地图上，通过交通信息网络进行发布。由于系统面临实时路况信息发布数据量大以及发布实时性要求高的特点，如何实现交通信息快速高质的网络发布，是实时路况发布系统中需要解决的一个重要问题。传统的方式是在服务器端将动态交通数据直接绘制在地图底图上，形成一张完整的图片发送至客户端。

此次研究提出了一种将动态的交通数据和静态的电子地图进行滞后叠加的交通信息网络发布方法。根据此方法，信息发布子系统在服务器端分别绘制动态交通数据图片和地图底图图片，并在客户端将二者进行滞后叠加。这里，具有透明底色的动态交通数据图的颜色单调，文件较小，可动态变化;地图底图色彩丰富，文件较大，但静态不变。这种将交通数据图和地图底图分离并且滞后叠加的方法，使得用户可在客户端将静态不变的地图底图进行缓存，而只需实时接收从服务器端传来的数据量较小的动态交通数据图。由于在具体操作中，有效地避免了重复传输数据量较大的地图底图，可有效地减轻网络传输负载，提高路况信息发布的效率。

此外，由于电子地图只是对实际道路的抽象，所显示的道路不能完全表现实际道路的交通特性。例如，双向道路在地图上通常用一条线表示，如果按照原有道路的坐标显示实时路况信息，那么正向行驶和反向行驶的路况信息将会重叠在一起，难以区分出双向道路上的路况信息。

本技术从以下几方面解决了实时路况信息显示问题，包括确定给定道路上车辆行驶的方向；根据行车方向和预设的坐标偏移值，调整相关路况信息的显示位置，从而保证调整后显示的位置与原显示位置平行。

5.2.2.1　多源数据集成系统

多源数据集成系统处于整个系统的前端，根据不同的数据源数据特征，采用可配置模块化设计方式，可接收来自多个出租汽车调度中心的浮动车数据，同时也可以接收像磁感线圈数据、交通事件信息等类型的交通数据。

（1）多源数据格式规范化研究。

浮动车数据采集方式为通过浮动车上安装的车载设备接收 GPS 数据，并将其发送至调用中心。这其中的 GPS 数据包括当前浮动车的时间戳、经纬度、行驶方向、速度等信息。由于不同的调度公司所采用的数据格式不尽相同，这就要求多源数据采集技术能够兼容多种数据格式的接收，即提供支持多种数据的采集接口。

不同的调度公司所提供的浮动车原始数据格式及内容都存在着巨大差异。对数据格式规范化的研究工作必不可少，其规范化步骤如下。

① 字段合并。将所有数据源的字段意义进行对比，若多个数据源均包含意义相同或相似的字段（如车辆速度），则将该字段意义放入规范化字段列表中。目前浮动车数据采集系统所采用的统一格式以北京出租汽车的原始数据格式作为基准定义。统一字段包括：调度公司 ID、车辆 ID、时间标签、经度、纬度、速度、方向、状态、事件等。

② 定义字段。将规范化字段列表中的每个字段进行详细定义和说明。

③ 单位转换。按照已有的字段定义说明，将多个数据源中的对应字段进行单位或代号转换，以使数据表示含义统一。

（2）多源数据采集传输策略。

直观上，目前采集可能用到的网络传输协议包括：TCP、UDP、FTP、HTTP 等。在计算机网络技术中，TCP、UDP 属于传输层协议，FTP、HTTP 属于应用层协议。

① TCP 与 UDP 传输策略。在传输层协议中，TCP（Transmission Control Protocol，传输控制协议）是一种面向连接的、可靠的、基于字节流的运输层（Transport layer）通信协议；UDP（User Datagram Protocol，用户数据包协议）是一个简单的面

向数据包的传输层协议。

在交通信息数据采集技术的研究中，TCP 和 UDP 的传输方式各有优劣。动态交通信息服务系统由于需要不断更新交通信息以提供给终端用户，对于实时性具有很高的要求。因此当数据量较大时，对资源开销较大的 TCP 不能很好地完成实时性的要求，而 UDP 传输速率较快，尽管可能丢失数据记录，但是在大量数据记录中这种比例是微乎其微的，并不对数据处理系统中的路况分析构成影响。然而，当数据量不大，或者网络条件不稳定时，就需要采用 TCP 传输协议，以保证数据的准确性。因此，在实际应用中，应对各种条件进行综合分析，采用适用于当前状况的传输协议。

采集接收方与数据提供方协商好采用何种数据传输协议（TCP 或 UDP）后，即可使用 Socket（套接字）技术搭建数据信道，进行传输原语的待用，从而进行数据发送和接收。

多源数据采集接口以可扩展性接收模块的设计模式进行设计，可根据具体需要兼容不同的协议搭建策略。

② HTTP 与 Web Service 传输策略。通过 Web Service，客户端和服务器就能够自由地使用 HTTP 进行通信，不论两个程序的平台和编程语言是什么。从表面上看，Web service 是一个应用程序，它向外界暴露出一个能够通过 Web 进行调用的 API。这就是说，能够用编程的方法通过 Web 来调用这个应用程序，而调用这个 Web service 的应用程序就是客户。

③ FTP 传输策略。基于已有的 FTP 技术，搭建交通信息数据文件共享平台。经典模式为：数据发送方为服务端，数据接收方为客户端。策略流程如下：

客户端连接服务端→服务端响应→客户端发送登录信息（用户名和密码）→服务端响应→客户端下载交通信息数据文件→服务端响应。然后服务端不断更新该交通信息数据文件，客户端不断查询操作，一旦发现更新立即进行下载。

（3）浮动车数据过滤技术。

浮动车原始数据过滤是浮动车数据预处理的一部分。功能在于剔除错误数据，保留可用数据。错误类型分为两类：格式错误和非法错误。

① 格式错误。格式错误包括字段长度不符、字段内容类型不符等情况。

② 非法错误。非法错误指数据值本身出现异常情况。

（4）浮动车数据清洗技术。

在浮动车通过卫星发送 GPS 信号时，有可能会由时间延迟等原因造成数据重发而导致记录重复。同时因为时间延迟问题，多条重复数据到达调度公司时打上的时间戳并不完全相同。重复数据会对浮动车信息处理系统带来不必要的开销，甚至影响系统的准确程度。因此，有必要对重复数据进行清洗。

数据清洗方法为：将过滤之后的数据进行 Hash 存储，然后对每一条数据进行检查，如果发现前面已经存在这一数据的副本，则将此数据打上“F”标志，否则打上“T”标志。最后将数据保存，进入下一步处理过程。

5.2.2.2　路况数据综合处理系统

（1）总体技术方案。

路况数据综合处理系统负责将采集到的浮动车数据经过地图匹配、行车路线推测、浮动车路段路况处理，并加入其他类型的交通信息进行交通信息融合处理，然后基于实时数据进行交通信息的预测填补，最终生成描述城市道路交通路况的数据信息。它主要由地图匹配、路径推测、交通信息融合处理和交通信息预测填补组成。多源数据处理子系统的体系结构如图 5-4 所示。

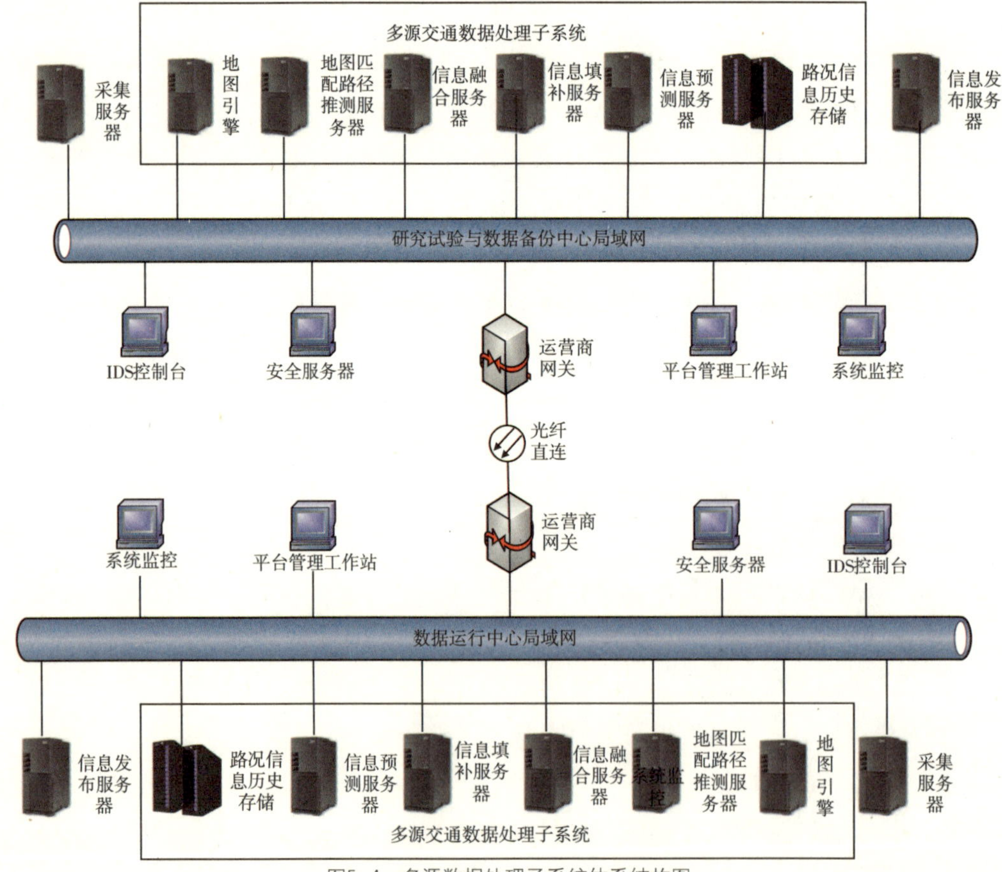

图5-4　多源数据处理子系统体系结构图

为保证运行的稳定性，需在数据运行中心与研究试验备份中心分别部署系统，以达到数据相互备份的目的。中心内部通信采用 GB 级局域网，中心之间采用光纤连接。系统需配备的设备包括相关网络设备、地图匹配与路径推测服务器、多源信息融合服务器、信息填补服务器和信息预测服务器等多种应用服务器、路况历史信息存储与电子地图存储等存储设备以及进行监控和安全保障等相关必要设备与软件，以便为系统实现信息处理提供支撑。

（2）软件结构。

多源数据处理子系统软件结构如图 5-5 所示。系统结合北京市电子地图，对接收到的多源数据进行分析处理，经过浮动车行驶模式分析、数据预处理、多源数据

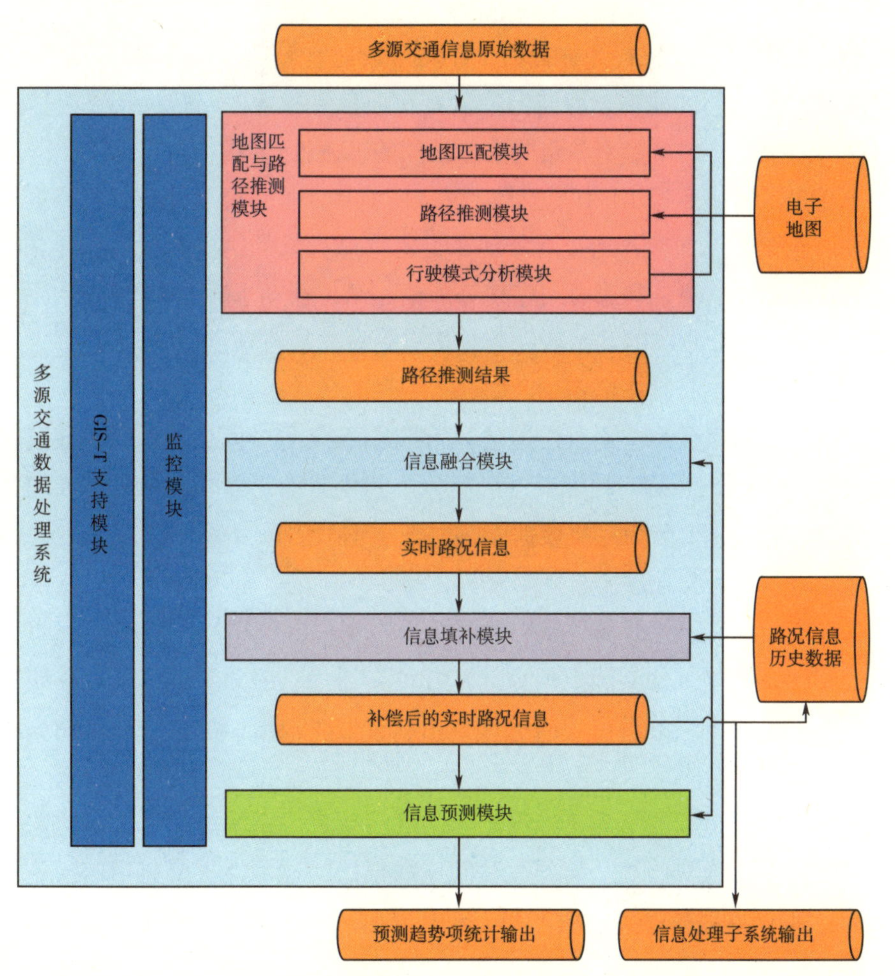

图5-5 多源数据处理子系统软件结构图

融合以及交通流预测等计算，获得覆盖北京市大多数路网的交通路况信息，为交通信息服务发布子系统提供交通路况信息源。

多源数据处理子系统包括以下主要模块。

① 浮动车行驶模式分析、地图匹配以及路径推测模块：模块接受采集网关提供的浮动车原始数据，对原始数据进行行驶模式分析，剔除干扰数据；通过比较确定车辆在地图路网结构中的位置，利用浮动车的道路运动轨迹和路径推测计算车辆的实际行驶路径。

② 信息融合模块：综合考虑交通信息的时间特性和空间特性，结合路网拓扑结构，对实时的浮动车数据、线圈数据和视频数据进行融合处理，获得可靠的交通路况信息。

③ 交通信息填补模块：为弥补由于浮动车数量有限且分布不均匀造成的短时内交通信息覆盖不均匀的缺陷，对路网中没有交通信息覆盖的路链进行路况信息的补足，以提高路况信息的覆盖率和路况信息预测的准确性。

④ 信息预测模块：采用时间迭代、短路径填补、长路径填补、超长路链填补等策略解决信息覆盖率问题；通过对浮动车交通信息大量的历史数据的统计分析，获取交通流的周期性趋势；利用时间序列等理论，结合浮动车数据采集动态、非定点、规模庞大等特性和北京市路网结构复杂等特点进行交通流预测。

5.2.2.3 交通信息发布服务

交通信息发布服务系统主要作用是利用 Web 服务等中间件技术，将底层交通信息服务数据封装为统一访问的交通信息服务中间件，满足异构系统的集成和第三方应用系统的访问。主要分为底层数据库、数据访问适配器、服务封装层、服务执行层、服务管理层以及服务交互层。

（1）底层数据库层包括各种异构数据库，如 Oracle、DB2、SQL Server 等，这些数据库适用于不同格式的交通数据存储。各种交通信息的元数据信息也存储于后台数据库中。同时，上层的日志访问统计、用户管理等数据信息也将存储在底层的数据库中。

（2）数据访问适配器是为了屏蔽异构的底层数据库系统，构建统一的数据访问中间件，方便上层模块的统一访问和存储。数据访问适配器主要包括访问各种数据的适配器，如 Oracle 数据访问适配器、SQL Server 数据库访问适配器、DB2 数据访问适配器。

（3）服务封装层利用数据库访问中间件，实现动态交通信息服务封装。不同类型的交通数据被封装为不同类型的服务。这些服务提供 Web 服务接口和描述文件，发布到服务注册器上，供第三方应用系统发现、开发、调用和集成。

（4）服务执行层主要功能是提供系统运行时服务的执行和调用，主要包括提供服务的运行环境和宿主环境。

原子交通信息服务通过服务组合引擎组装成满足实际需求的复杂交通信息应用。这些复杂交通信息服务应用系统通过工作流引擎系统执行。

（5）服务管理层数据提供服务管理，如服务使用日志管理、服务计费管理、服务可信策略管理、服务策略应用、服务访问控制、服务安全管理及系统管理等。

（6）服务交互层完成服务的访问管理，提供服务请求映射、服务路由、服务负载均衡、服务监控以及服务发现。

交通信息发布服务系统的硬件架构如图 5-6 所示。

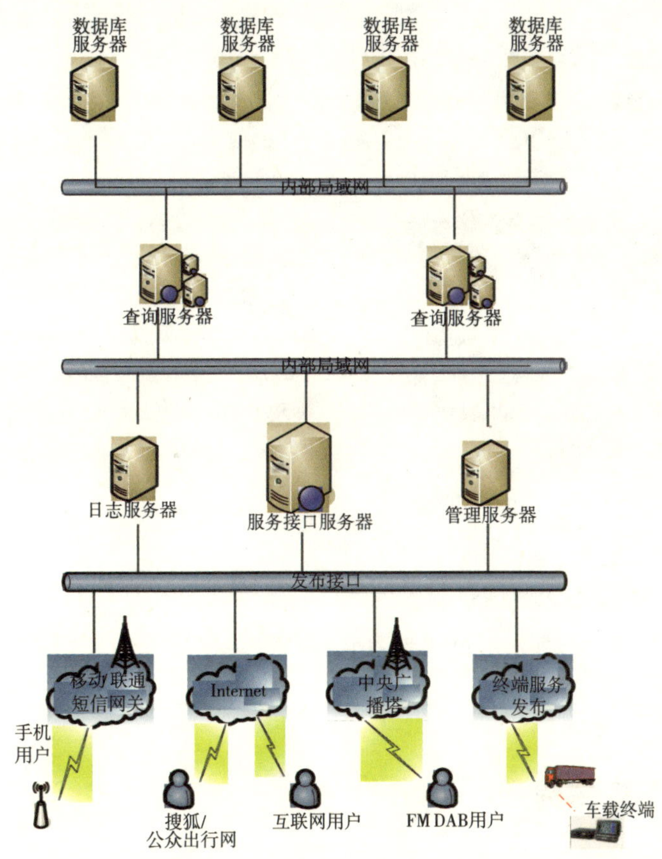

图5-6　交通信息服务集成子系统硬件架构

交通信息发布服务系统采用中间件技术解决大规模服务请求带来的计算通信问

题，提供基于WEB模式的动态交通信息服务。

交通信息发布服务系统将服务平台提供的各种动态交通路况信息与相关服务集成起来进行发布，为各种动态交通信息的应用终端提供准确有效的数据服务和实时动态交通信息、地理信息以及业务信息服务。

交通信息发布服务系统软件架构如图5-7所示。

图5-7　交通信息发布服务系统软件架构

基于浮动车的动态交通信息服务系统已基本形成，并日益趋于多样化和个性化，已通过网站、热线、广播、手机四种方式对社会提供服务，得到了实际应用，并在北京奥运期间提供了实际服务。

5.3　交通服务热线

北京交通服务热线是2008年北京政府为民办59件实事项目之一，是在原北京公交李素丽服务热线的基础上，整合了公交、首发、地铁、一卡通、长途5个行业

20 大类交通服务信息，采用总中心加行业分中心的建设模式，为市民提供更加全面和一站式的交通信息服务。北京交通服务热线建有 50 个人工接听坐席，实现了拨打“96166”一个号码就能查询全部交通出行信息的目标。

5.3.1 系统建设规模

5.3.1.1 话务量规模

2007 年北京交通行业各类业务高峰日话务量达到 27000 个。公交服务热线自 1999 年 12 月 10 日开通，到 2006 年 10 月 20 日累计话务量达 1800 多万个。自服务热线开通后话务量不断增长，超出系统前期建设承载能力，分别于 2002 年 4 月和 2005 年 11 月进行了改造扩容。话务量增长率按每年 35% 计算。

设计总中心话务量为 44400 个，总中心预计分担各分中心 50% 话务量，其中地面交通类话务量占总话务量的 76%。

5.3.1.2 坐席规模

满足各类用户所需当班坐席台数量应为 76 个，所需坐席员总数量为 224 人。

5.3.1.3 话路规模

考虑突发情况及话路备份，增加 20% 的预留 PRI 中继，系统话路需求为 11 条 PRI 中继（330 线话路）。

5.3.2 系统架构

北京市交通服务热线是基于 IP 网络的总中心加多个行业分中心的分布式呼叫中心系统。交通服务热线总体架构如图 5-8 所示。市民及广大公众可通过网通、移动，联通等各电信服务商呼叫进入本系统，也可以通过短信、传真、Web 等方式进入本呼叫中心。

支持坐席业务受理的业务查询系统是基于交通行业热线知识库来实现的。该业务查询系统是集公共交通信息、道路信息、长途信息、旅游信息及其他交通行业信息于一体的数据库系统。该数据可通过已有的北京公众出行网、各行业单位数据库进行导入，对于没有形成电子数据的信息，可采用纸质信息录入的方式进入热线知识库。

受理完的相关电话接入信息和通话记录进入业务数据库，以备查询和统计分析，形成热线信息简报。

业务系统包括：业务查询系统、热线知识库系统、系统管理配置台、统计报表、培训考试系统、坐席考勤系统和坐席绩效考核系统。

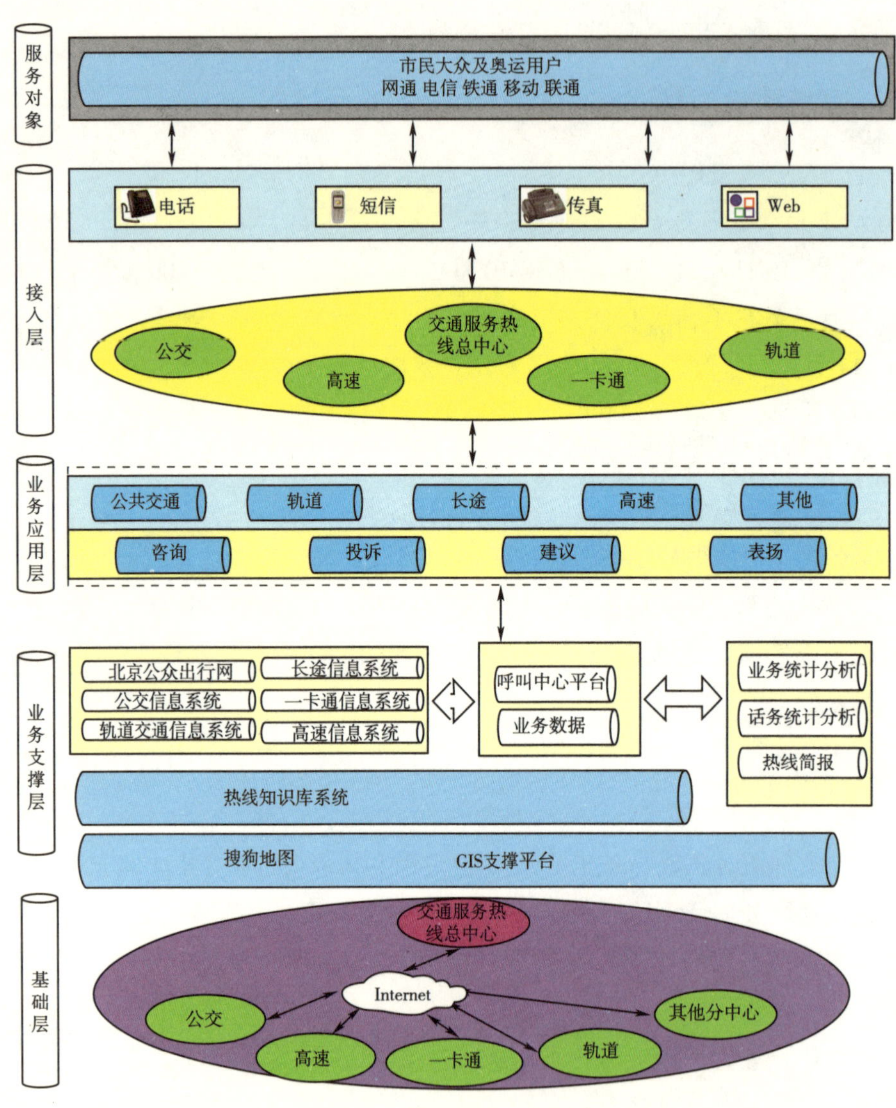

图 5-8　交通服务热线总体架构

5.3.3　奥运期间应用

奥运会期间，服务热线所提供的服务信息包括以下几个方面：公交和地铁最新的线路信息、运营信息和换乘查询，其中包括奥运公交专线的线路和车次信息；各类一卡通充值网点位置信息；北京各条高速公路最新路况信息及行车指南；北京长途客运站位置及长途客运线路、票务信息等。该服务热线还与市地铁运营公司、市首发公司、市政交通一卡通公司的热线中心实现了网络连接、信息共享和坐席共享。同时，交通热线与北京公众出行服务网站也实现了信息共享。交通出行者可以在出行前查询北京公众出行服务网站，规划出行路线，也可随时拨打“96166”，得到所需要的交通出行信息。

交通服务热线自 2008 年 8 月 1 日开通以来，共开通 180 条语音线路，建设 50 个坐席台，日均处理电话量 18500 个，运行效果良好，热线服务质量和服务效率均有显著提高，圆满完成了奥运会、残奥会时运行服务保障。

5.4 北京交通网

北京交通网（www.bjjtw.gov.cn）面向日常交通和奥运交通的需求，在奥运前建成并投入使用，如图 5-9 所示。该网站由出行服务站和奥运交通站等构成。北京交通网奥运站如图 5-10 所示。

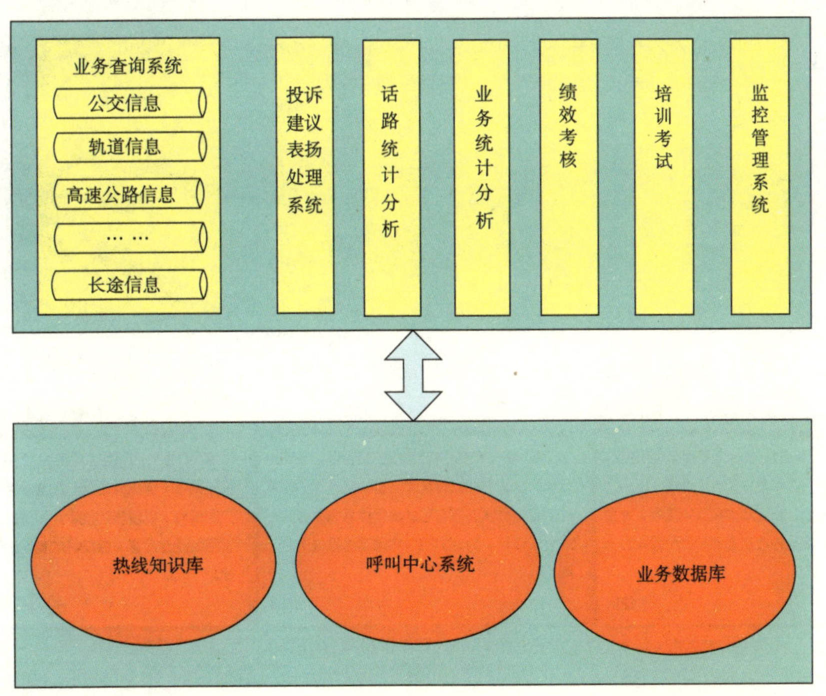

图5-9 北京交通网

2008 年 7 月 20 日至 9 月 15 日期间，网站总页面浏览量达 594 万，日均页面浏览量超过 10 万。其中，单日最高页面浏览量达 26 万，8 月 7 日和 8 月 8 日页面浏览量均在 17 万左右。

出行服务站整合了交通行业的多种信息，提供直观实用的出行服务和丰富多彩的出行资讯。在奥运期间，为奥运大家庭成员、北京市民、中外游客提供北京实时路况、公交出行、自驾车出行、动画指路、进出北京、北京攻略、旅途等动态、丰富、个性化的出行信息，如图 5-11 所示。

奥运交通站整合了奥运比赛场馆的各种公共交通信息，提供丰富、实用的奥运公共交通出行资讯。奥运期间，提供及时、详尽的奥运交通新闻、赛事安排、奥运场馆周边交通等信息；同时，针对每天的赛事赛程开设“奥运出行提示”栏目，方便市民和观众查询，保障奥运出行顺畅与便捷。

新版交通眼—实时路况发布系统如图 5-12 所示。

图5-10 北京交通网奥运站

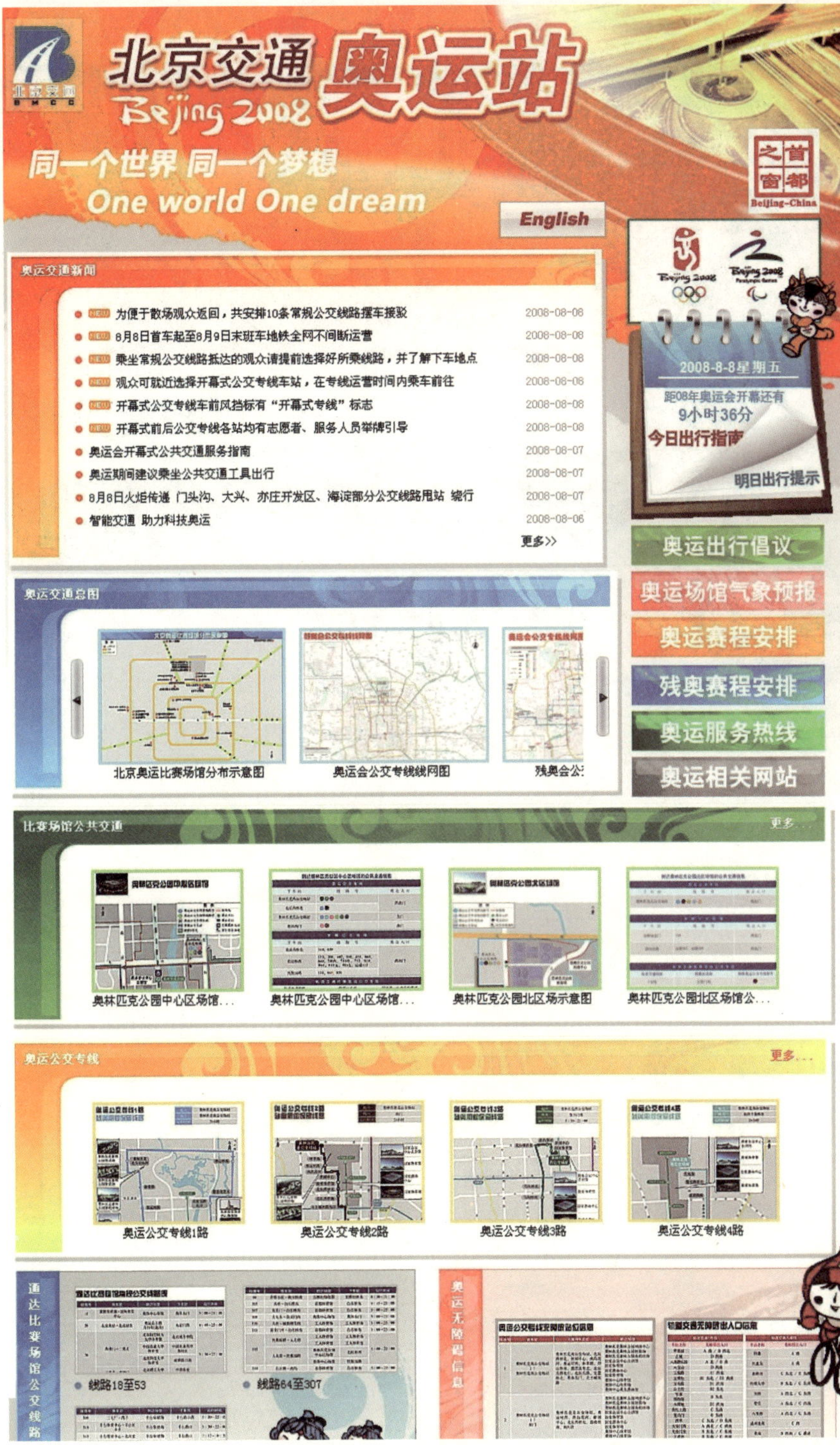

北京交通 奥运站
Beijing 2008
同一个世界 同一个梦想
One world One dream
English

奥运交通新闻

- 为便于散场观众返回，共安排10条常规公交线路摆车接驳 2008-08-08
- 8月8日首车起至8月9日末班车地铁全网不间断运营 2008-08-08
- 乘坐常规公交线路抵达的观众请提前选择好所乘线路，并了解下车地点 2008-08-08
- 观众可就近选择开幕式公交专线车站，在专线运营时间内乘车前往 2008-08-08
- 开幕式公交专线车前风挡标有“开幕式专线”标志 2008-08-08
- 开幕式前后公交专线各站均有志愿者、服务人员举牌引导 2008-08-08
- 奥运会开幕式公共交通服务指南 2008-08-07
- 奥运期间建议乘坐公共交通工具出行 2008-08-07
- 8月8日火炬传递 门头沟、大兴、亦庄开发区、海淀部分公交线路甩站 绕行 2008-08-07
- 智能交通 助力科技奥运 2008-08-06

更多>>

2008-8-8星期五
距08年奥运会开幕还有
9小时36分
今日出行指南
明日出行提示

奥运出行倡议
奥运场馆气象预报
奥运赛程安排
残奥赛程安排
奥运服务热线
奥运相关网站

奥运交通总图
北京奥运比赛场馆分布示意图
奥运会公交专线线网图
残奥会公

比赛场馆公共交通 更多…
奥林匹克公园中心区场馆…
奥林匹克公园中心区场馆…
奥林匹克公园北区场示意图
奥林匹克公园北区场馆公…

奥运公交专线 更多…
奥运公交专线1路
奥运公交专线2路
奥运公交专线3路
奥运公交专线4路

通达比赛场馆公交线路
线路18至53
线路64至307

奥运无障碍信息

图5-11　北京交通出行服务分站

图5-12　新版交通眼-实时路况发布系统

5.5　奥运相关车辆导航服务

通过多年的研发，2008 年 4 月推出了国内首款具有自主知识产权的动态车载导航仪。该款导航仪不仅能够提供指路服务，而且可以实现动态交通信息的接收，让出行者在导航仪的屏幕上实时查看路网拥堵情况，自动规划最优出行路线（出行距离最短、出行时间最少等），从而节省出行时间、降低燃油消耗、减少尾气排放，如图 5-13 所示。

奥运期间，该款导航仪在奥运服务公务用车、志愿者运输车辆、新能源车辆、非注册媒体用车和保点出租汽车等 500 余辆奥运相关车辆上安装使用（图 5-14），为上述车辆提供动态导航信息服务，很好地将现有交通信息应用成果服务于奥运。

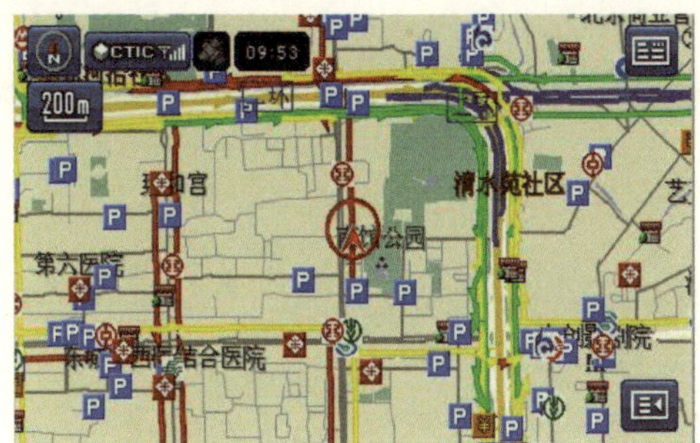

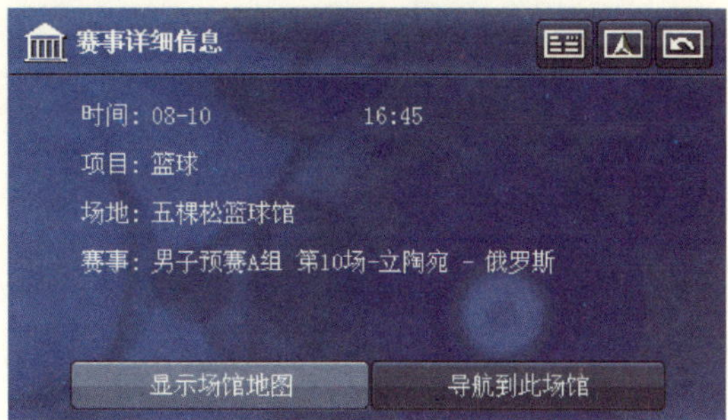

图5-13 应用动态导航仪的示例

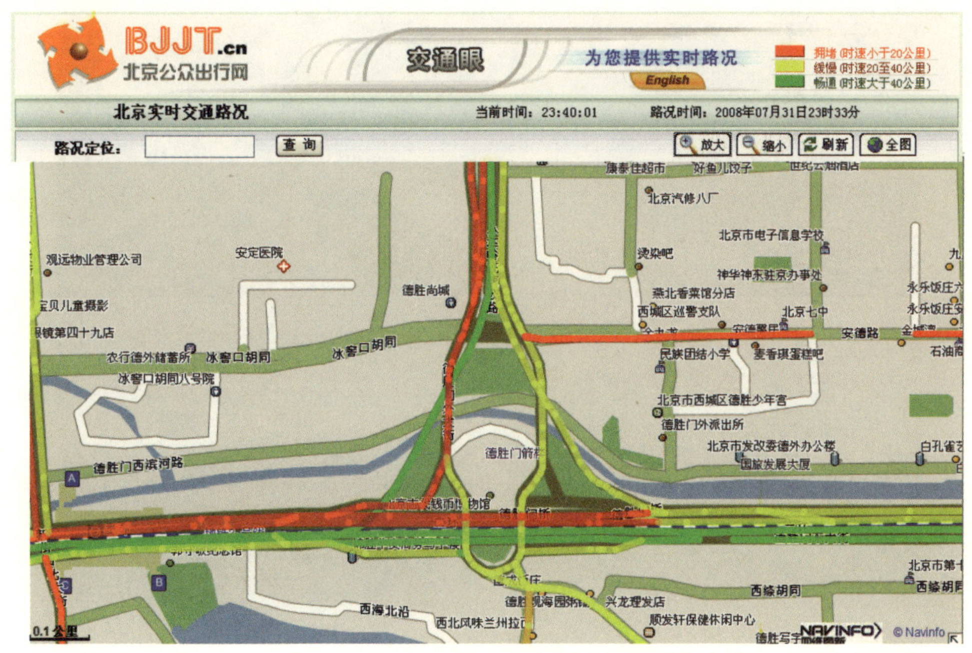

图5-14 动态导航仪界面

5.6 北工大体育馆信息发布屏

北京工业大学体育馆是北京 2008 年奥运会羽毛球和艺术体操的比赛场馆，建筑面积 24000m^2，有固定座位数 5800 个，临时座位数 1700 个。为了使相关奥运车辆（图 5-15）能快速有序地驶离体育馆，顺利驶入周边路网，交通信息中心在体育馆停车场设置了 LED 信息发布显示屏（VMS），如图 5-16 所示。2008 年 8 月 1 日至 9 月

20 日期间，VMS 为奥运会官员、媒体工作人员和运动员等提供体育馆周边实时路况（每 5min 更新一次）、奥运宣传、天气预报等信息服务。

a）

b）

c）

d）

图5-15　相关奥运车辆

a）非注册媒体运输车辆；b）场馆保点出租车辆；

c）志愿者运输车辆；d）奥运新能源车辆

图5-16　场馆信息发布显示屏

5.7　高速公路电子收费系统

高速公路电子收费（ETC）系统因具有无需停车、无需现金缴费、方便用户等特点，能有效提高通行效率，缓解收费站拥堵，减少因停车增加的尾气污染。

按照2005年市政府发布的《北京交通发展纲要》，ETC系统是北京市智能交通系统的重要组成部分，对于提高高速公路服务水平和运营效率、缓解收费站拥堵、提高道路承载能力具有非常重要的作用。大力推进ETC应用发展是高速公路行业实践“人文交通”、“科技交通”和“绿色交通”理念的重要内容。

1996年10月，通过引进美国的自动收费系统，实现了机场高速公路天竺收费站两个车道的自动收费。随后，华北高速部分收费站也开通使用电子收费系统。由于没有统一的标准规范，发行使用量并不高。自2004年开始，北京市开始研究ETC

技术在北京的应用管理模式和相关的技术标准。2006年，以八达岭高速为试点建设ETC系统，为全市高速公路ETC收费推广奠定了基础。

考虑到奥运会需求和北京市交通发展的长远需求，根据市政府及交通委关于北京市高速公路电子收费系统建设的指示精神，按照交通部京津冀高速公路联网电子收费示范工程的要求，由首发集团公司牵头北京市各高速公路运营单位，经过近两年的工程建设和运行测试，在北京市区域内的全部高速公路实现了电子收费联网，并在其中主要收费站点实现了高速公路电子收费方式。2008年12月20日，北京市高速公路电子收费系统正式进入全面试运行。

目前，全市共建成1206条人工收费车道、87条ETC专用车道。ETC专用车道覆盖了高速公路交通流量大的主要收费站点，包括：首发集团管理的71条、机场高速管理的2条、京通快速管理的2条、京津塘高速管理的8条、京承高速（二期）管理的4条。截至2009年1月底，已经开通客服网点13个，与工商银行联合开发的充值系统基本开发完毕，近3000个ATM机即将开通高速公路电子收费充值功能，目前已进入测试阶段，2009年上半年内可正式投入使用。

截至2009年4月中旬，北京市高速公路电子收费系统共发行速通卡约6.4万张，速通电子标签约5.2万个，电子收费流量约占收费总流量的5%。

根据国内有关研究，每条ETC车道通行能力为800 ~ 1200辆/h，相当于2条人工收费入口车道（人工收费车道入口车道通行能力为600辆/h）或者5条人工收费出口车道（人工收费车道出口车道通行能力为257辆/h）。与人工收费方式相比，使用ETC方式不但可以节约建设成本、减少耕地占用、节约土建投资，还可以降低运营成本、减少人员投入。同时，由于不停车通行方式，避免了人工收费方式的怠速行驶、排队等过程，节约油耗，减少污染物的排放，具有良好的社会经济效益。

6 奥运交通仿真

6.1 概况

6.1.1 “交通仿真”概念

交通仿真是 20 世纪 60 年代以来，随着计算机技术的进步而发展起来的采用计算机模拟来反映复杂道路交通现象的交通分析技术和方法。交通仿真作为仿真科学在交通领域的应用分支，以相似原理、信息技术、系统工程和交通工程领域的基本理论和专业技术为基础，以计算机为主要工具，利用系统仿真模型模拟道路交通系统的运行状态，采用数字方式或图形方式来描述动态交通系统，以便更好地把握和控制系统的一门实用技术。

交通仿真也是智能交通系统的一个重要组成部分，是计算机技术在交通工程领域的一个重要应用。它可以动态地、真实地模拟交通流和交通事故等各种交通现象，深入地分析车辆、驾驶员、行人、道路以及交通的特征，有效地进行交通规划、交通组织管理、交通能源节约等方面的研究。

根据交通仿真模型对交通系统描述细节程度的不同，交通仿真可分为宏观仿真、中观仿真和微观仿真。

（1）宏观模型可以分析和重现交通流的宏观特性，主要用于城市整体规划。

宏观交通仿真模型中，交通流被看作连续车流，个体车辆不单独标识。该模型对交通系统要素及行为的细节描述处于一个较低的程度。例如，交通流可以通过车流密度关系等一些集聚性的宏观模型来描述，如车辆的车道变换之类的细节行为可能根本就不予描述。该模型对计算机资源要求低，仿真速度快，比较适合对大规模路网进行交通仿真。宏观模型的重要参数是速度、密度和流量。

（2）中观仿真以车辆群体行为为研究对象，可用来拟定、评价在较大范围内进行交通控制和干预的措施和方法，从而对交通流进行最有效控制。其对交通流的描述常以若干车辆构成的队列为单元，描述队列在路段和节点的流入流出行为，对车辆的车道变换之类的行为也可用简单的方式进行近似描述。

（3）微观仿真把每辆车作为研究对象，对交通流的描述是以单个车辆为基本单元。车辆在道路上的跟驰、超车及车道变换等微观行为都能得到较真实的反映。微观仿真车辆进入路网的时间、车型、车速的设定及路口的转向都是随机确定的。微观仿真对计算机资源要求较高、仿真速度慢，用于研究交通流与局部的道路设施的相互影响和交通控制仿真等。通过采用并行处理技术，微观模型也可用于大型路网的交通仿真。

6.1.2 "奥运交通仿真"意义和目标

奥运会期间，北京有众多的奥运会观众，另外还有大量国外游客和国内其他地区的游客涌入北京，产生新的出行需求；另一方面，随着城市自身的发展，城市人口和机动车保有量的持续增长，使城市交通形势面临很大挑战。针对严峻的交通形势，北京虽然提供了足够的交通基础设施，包括足够的公路、铁路和机场接待能力，以满足各种各样出行需求的交通车辆和驾驶人员的需要；运用各种交通组织手段，如通过实施交通需求管理，削减日常交通量；精心设计奥运交通系统，合理分散流量，均衡时空分布等。但基于奥运交通系统的特殊性和复杂性，同时考虑到国内对于如此大规模国际赛事的交通组织相对缺乏经验，因此迫切需要应用高科技手段对奥运期间的交通运行状况进行模拟，以保障奥运交通准时、安全、方便，并将奥运交通对城市日常交通的影响降至最小。

目前，仿真工具在交通系统分析扮演着越来越重要的角色，在交通系统分析中的应用也越来越广泛。秉承"科技奥运"的理念，利用交通仿真手段，针对2008年奥运会，可实现以下几个目标。

（1）交通策略选择：通过宏观模型分析奥运交通对于城市道路交通的影响，测试有关交通规划方案、道路交通组织方案能否满足奥运交通需求，为制订有关的交通策略提供建议。

（2）交通规划方案的测试：从奥运规划到比赛结束之间，比赛场馆位置、奥运大家庭成员驻地的位置、奥运专用路线、比赛日程将因为各种原因不断发生变化，相应的交通规划都需要做出适当的调整，交通仿真系统可提供不同层次、不同出行人员的宏观、微观交通模拟，以测试方案的科学性和合理性，保证奥运交通系统的顺利运行。

（3）为制定应急处置预案提供基础研究，高效、科学的紧急情况辅助决策：通过仿真系统对紧急情况的处置测试，制订不同紧急情况下的预案；更重要的是在此基础上，优化应急体制，协调应急处理机制，保障应急系统的高效运行。紧急情况的发生往往不同于紧急预案，重点、敏感地区的紧急情况更是难以决策，通过仿真分析系统,可以对复杂情况下实施应急方案的情况进行直观的演示,提出相应的建议，帮助制订科学的决策。

基于奥运交通系统的特殊性和复杂性，考虑到国内对于如此大规模国际赛事的交通组织缺乏经验的实际情况，要确保奥运交通的万无一失，必须突破以往针对交通仿真系统就某一方面交通特性进行分析的局限，以大量的实测数据为基础，通过标定和验证交通行为模型，综合运用宏观、中观和微观交通仿真，系统全面地针对特定范围（北京市区五环路以内、奥林匹克专用道、场馆周边地区、公交场站和地铁站等）、特定时段（开闭幕式、比赛高峰日、比赛平日）进行奥运交通规划、组织、管理和运营方案的测试，为合理地制订交通规划和组织方案提供分析工具；通过模拟各种紧急情况下的交通状态，针对不同紧急事件的特点，制订相应的紧急事件交通处理预案；通过比选各种预案的运行结果，确定最优的处理预案，以保障奥运交通系统具备足够的应急能力。

奥运交通仿真系统研究的总目标是研究奥运会期间交通需求和运行特征，建立分层次的奥运交通仿真分析系统。通过宏观模型仿真分析，为交通策略的选择提供辅助决策方案；通过微观模型，测试行人交通组织以及设施的设置功能，从而为持续地开展奥运交通组织和管理提供先进、高效、经济的分析工具。

6.2 奥运交通仿真平台的框架及内容

奥运交通仿真系统是一个综合体系，其研究内容是交通仿真系统和奥运交通系统的有机结合。对两者的合理定位和精确描述，是进行奥运交通仿真系统开发的基本工作。奥运交通仿真平台为奥运交通规划、交通管理和运营提供经济、直观、详细、大范围分析的辅助工具,为制订完善、周密的交通组织计划提供支持并验证其科学性、合理性，为修订规划、制订建设方案提供决策依据。

奥运交通仿真系统旨在通过奥运会交通需求预测方法研究、机动车和行人交通特性研究等基础理论研究，建成多层次的奥运交通仿真系统，对奥运交通宏观政策、交通组织与管理、场馆运营、设施设计等进行测试，为相关管理部门提供科学的决策支撑。奥运会交通仿真系统研究技术路线参见图 6-1 所示。

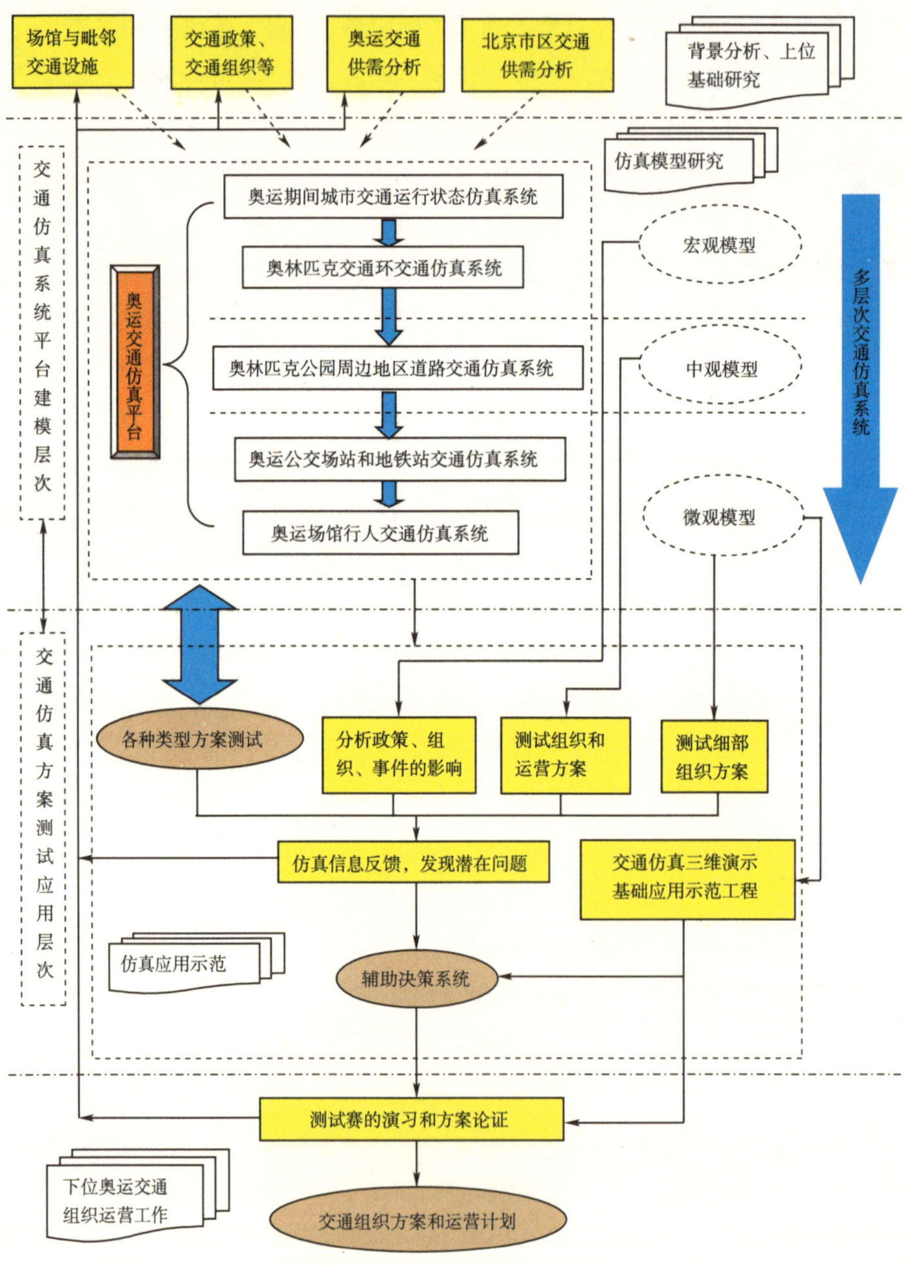

图6-1 奥运会交通仿真系统研究技术路线

奥运交通仿真平台旨在建立多层次的奥运交通模拟系统。研究内容主要包括以下几部分。

（1）奥运城市宏观交通运行状态仿真系统。

对奥运交通需求进行弹性预测，作为仿真基础准备，建立北京市六环路以内道路交通仿真系统，对奥运期间开闭幕式、比赛日高峰时段市区整体交通运行状况进行仿真评价，预测可能出现的交通问题，并提供解决方案。为制订奥运期间的交通政策、城市交通系统服务计划提供决策依据。

（2）奥林匹克专用道交通仿真系统。

在奥林匹克交通专用道需求预测和仿真背景资料准备基础上，搭建交通仿真系统；进行典型比赛日、开闭幕式的机动车运行状况仿真；测试专用道公共交通运营组织和奥运专线组织方案，提出预案选择或优化建议。

（3）奥运场馆行人交通仿真系统。

在重点场馆行人交通需求预测和仿真背景资料准备基础上；通过密集状态下观众进场/散场行人交通特征研究；搭建场馆行人交通仿真系统；进行一般比赛、开闭幕式、紧急状态等特定环境下的行人交通运行状况仿真测试，通过奥运场馆及周边环境的三维交通演示模型示范，借助多种人机交互手段，在以重点示范奥运场馆为核心包括周边公交环境在内的虚拟交通环境中为用户提供全角度、多角色的观察功能。

6.3 奥运期间城市宏观交通运行状态仿真

6.3.1 奥运期间城市宏观交通运行仿真技术框架

奥运北京城市交通运行状况仿真系统，以2008年北京奥运会期间六环路内主要道路上（快速路、主干道和次干道）的机动车交通为仿真对象，以奥运会开闭幕式、典型比赛日的交通需求和现有的北京市六环路内主要道路网络为数据基础，以经过进一步细化的宏观交通模型为仿真工具，以分析现有设施与奥运交通需求的差距，提供更加通畅、可靠的奥运交通系统服务为目标进行分析研究。

分析往届奥运会的经验，亚特兰大、悉尼、雅典这三个城市没有针对奥运会建立专门的城市交通模型，而是对已有的城市交通模型进行调校作为奥运期间城市交通背景模型。对于奥运会期间所有相关活动如奥林匹克大家庭的所有活动、观众与游客的活动需要通过建立特殊交通模型来分析和处理。奥运期间的交通需求分析是建立奥运城市交通仿真模型的基础，围绕这个问题，2008 年北京奥运交通模型由 2008 年城市背景（非奥运）交通模型和 2008 年奥运运行模型构成，分别模拟奥运会期间的两大交通需求：不考虑奥运会的影响，自然增长下的居民正常生活的背景交通需求和由于奥运赛事诱增的交通需求。最后在适当的赛事期间交通需求管理政策下进行两部分需求的叠加，预测赛事期间城市的交通运行状况。模型框架如图 6-2 所示。

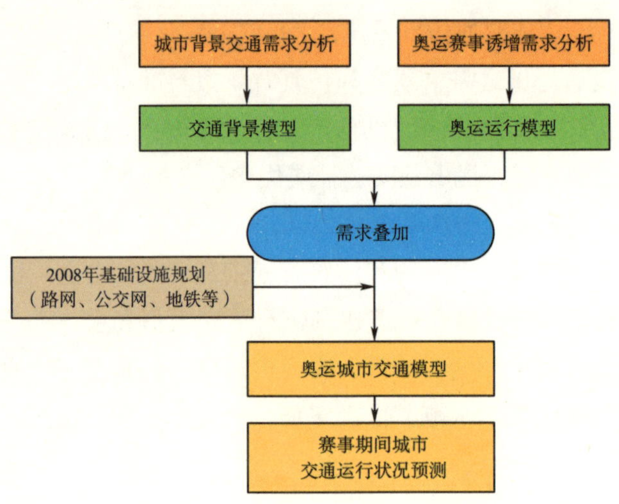

图6-2 奥运城市交通模型框架

（1）背景交通模型。

2008 年北京背景交通模型是不考虑奥运会赛事影响的城市交通运行模型。模型的建立，只考虑在正常的社会经济发展情况下 2008 年北京城市交通运行状况。但是考虑到奥运会可能带来旅游人数的增加，因此在已有常规城市旅游吸引点的吸引量预测时，对系数进行相应的调整，以体现这种增加量。学生放假、工作时间调整等交通需求管理措施会引起北京市民出行需求的变化，模型需要计算这部分变化的需求。

（2）奥运运行模型。

T1 ~ T4 的需求由于比较固定，又有专门的奥运专用道路为其服务，所以该部分需求将预先加载到路网中。模型主要针对 T5 群体，即观众、志愿者和工作人员由于奥运赛事引起的交通需求。根据出行特征的差异性，按照一定的标准把观众分成不同的群体。如当地居民，国内外地且住在宾馆的观众，国内外地住在朋友家中的观众等。把不同人群的奥运需求做成不同的矩阵,然后把这些矩阵叠加到背景模型上。

奥运交通网络主要是基于城市交通网络进行增删，重点关注因奥运而改变或调整之处，包括：

① 奥运专用道；

② 奥运公交专线；

③ 奥运场馆周边站场或出入口到场馆控制区所在小区质心的步行连线；

④ 基本道路网络的禁行、单行设置等；

⑤ 基本公交线路变更、停运等；

⑥ 确定安保圈、控制圈、疏导圈的范围，对之内的路网进行限行等设置。

6.3.2 奥运赛事对城市背景模型的修正

奥运仿真平台由两部分构成，分别为城市背景交通模型和奥运运行模型。其中城市背景交通模型是对 2008 年典型工作日人们正常生活的背景需求的模拟，奥运运行模型是对人们观看比赛的需求的模拟。由于奥运赛事会对背景出行需求产生一些影响，奥运仿真平台并不是两部分需求的简单叠加需要做相应的修正。

这些影响包括三部分：

• 奥运期间学生放假，学生出行特征的变化；

• 一部分人员由于观看比赛或作为奥运工作人员及志愿者而引起的角色变化，导致的出行特征的转变；

• 由于奥运会而诱增的旅游需求。

（1）学生放假引发出行特征变化。北京市六环路以内共有小学生 49 万，中学生 86 万，大学生 63 万。在奥运会期间，学生放假，学生的主要出行目的由上学的通勤出行转变为一般的娱乐出行，根据测试赛交通调查分析，总出行次数减少 173 万人次。

（2）作为奥运工作人员、志愿者引发出行特征变化。关键日共有本地观众和志愿者 35 万人，出行行为特征由原出行转变为赛事出行。假设 35 万人的人员构成如表 6-1 所示。

表6-1　本地观众、工作人员和志愿者的人员比例

	有车的就业人员	无车的就业人员	小学生	中学生	大学生	无职业者	退休人员
比例（%）	40	40	5	5	100	5	5
人数（万人）	12	12	1.5	1.5	5	1.5	1.5

从而背景需求共减少 25 万次出行 / 日。

（3）奥运会诱增旅游需求。现状进京旅游人员的出行总量为 28 万人次 / 日，在城市背景交通模型已经得以体现。假设奥运期间来京旅游人数为现状的 1.5 倍，出行特征和现状旅游人员的出行特征一致，新增旅游出行 14 万人次 / 日。

6.3.3 奥运期间交通运行状况评述

在奥运期间的城市宏观交通模型中，不加入交通管理措施的情况下，测试奥运需求与城市背景需求叠加后城市交通运行状况。

从图 6–3、图 6–4 可以看出，在没有任何交通需求管理措施的情况下，高峰小时大部分路段已经超负荷。为了保证奥运交通的通畅，必须采取一些需求管理措施和交通组织方案。

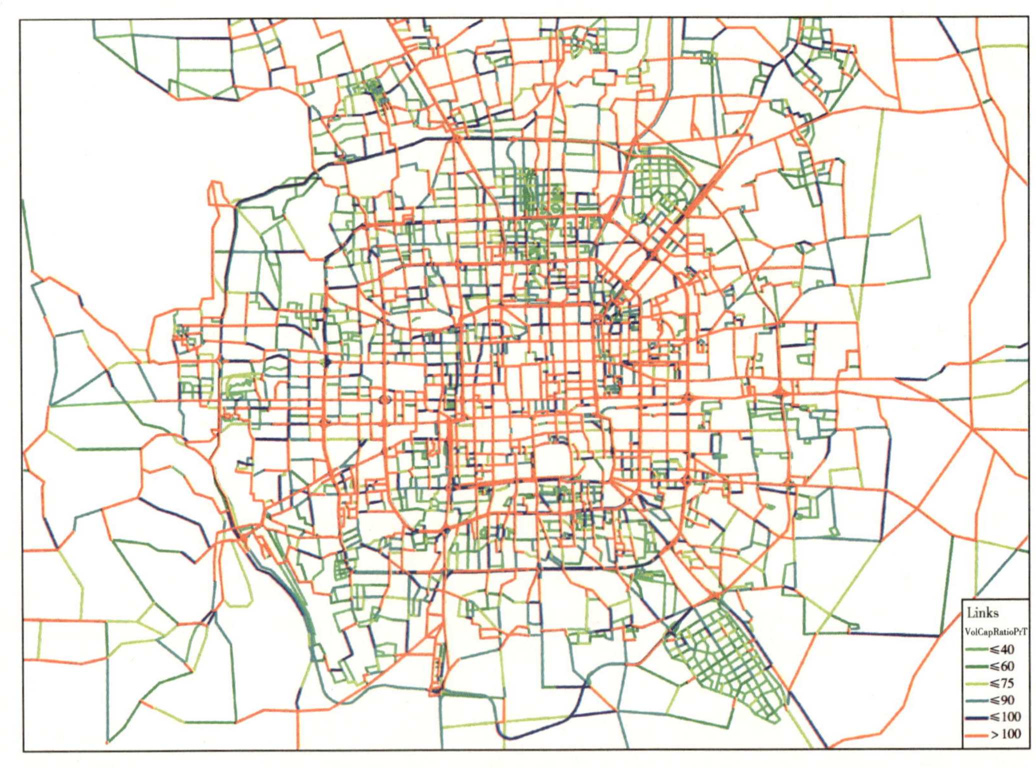

图6–3　早高峰8:00~9:00道路负荷图

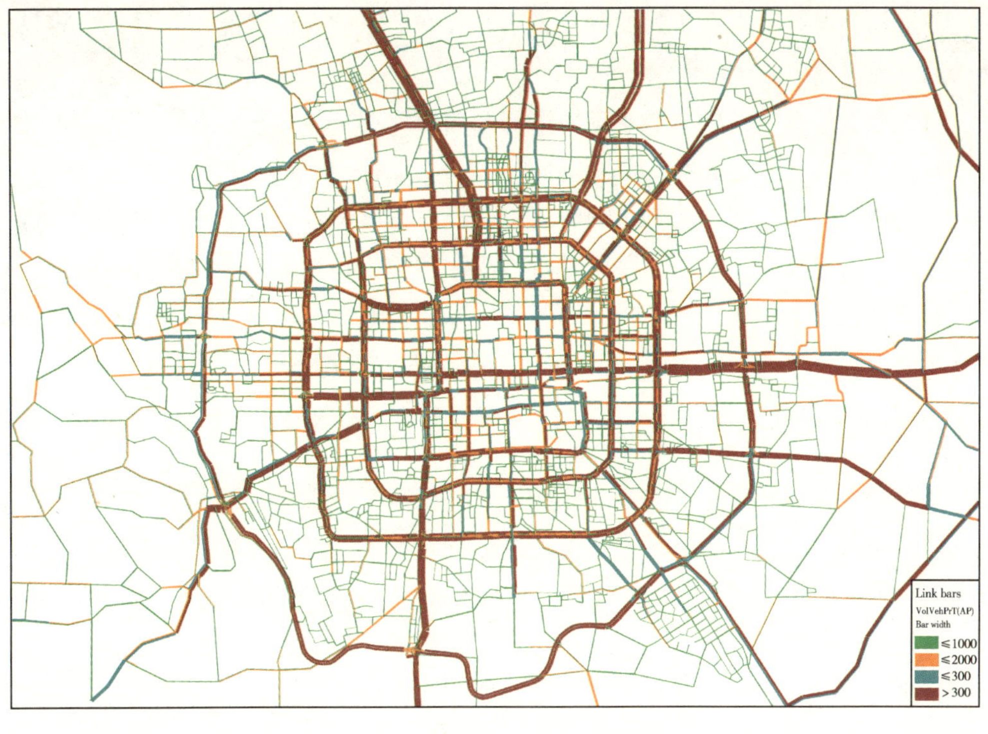

图6–4　早高峰8:00~9:00道路流量图

6.4　奥林匹克专用道交通仿真

奥林匹克专用道交通仿真系统利用计算机模拟和仿真技术，结合奥运交通出行的特点，建立了奥运会赛时专用道交通运行仿真模型，以量化和可视化的方式对奥林匹克专用道设置、专用道的运行组织以及突发情况下的应急措施进行分析和评价，以优化专用道赛时交通组织和管理方案，在保证奥运交通服务水平的前提下尽量减少对城市交通的影响。

奥林匹克专用道交通仿真系统根据北京奥组委所确定的北京 2008 年奥运会交通管理和服务的初步方案，采用专业的计算机仿真软件，建立专用道运行仿真分析平台，以分析、研究和评估方案的可行性及存在的问题并提出改进建议，具体如下：

（1）检验奥林匹克专用道设置方案能否满足奥运大家庭各类成员的服务要求，是否为最优方案；

（2）检验在满足奥运交通服务要求的同时，能否尽可能减少对社会交通的影响；

（3）检验奥林匹克专用道的各个主要路段和节点的通行状况，并对其中容易拥堵的地方提出相应的改善建议；

（4）通过仿真，为奥林匹克专用道的交通组织和管理等具体方案措施提供理论依据和建议，同时为北京奥运会的交通组织和管理提供辅助决策。

奥林匹克专用道交通仿真系统研究结合奥运交通出行的特点，针对奥运出行的特定群体，对奥林匹克专用道路网进行需求预测和仿真分析，从而建立起奥林匹克专用道的交通仿真系统平台，为测试奥林匹克专用道的交通运行状态、评价交通组织方案提供交通仿真分析工具，并以此作为制订奥运交通运行方案决策的辅助工具。

6.4.1 技术框架

奥林匹克专用道交通仿真系统模型针对奥林匹克专用道上 T1–T4 车辆运行状况进行仿真测试，为各类奥运车辆运营管理提供依据。通过行程时间、不同路段行驶车速、车辆延误等指标评价奥林匹克专用道连接的各比赛场馆间、奥运大家庭（T1–T4）驻地与活动地点之间的可达性，对奥林匹克专用道设置方案提供改进建议。

利用仿真模拟软件，建立奥林匹克专用道交通仿真系统，可以详尽地模拟奥运车辆在专用道上行驶，与社会车辆在交叉口和立交匝道处的交织过程以及模拟车辆的变道行为，分析奥运车辆总的通行时间延误和在交叉口、立交匝道处的延误等，指出一些容易发生拥堵和对奥运车辆通行时间、服务水平有重大影响的路段、路口和立交桥，据此对各种运行组织方案进行对比、分析和评价。

建立模型的基本思路就是在既有基础数据资料的基础上，利用专业软件构建基础模型界面，以高峰小时需求预测结果作为输入，采用动态交通分配方法，遵循奥组委提出的最短路线和尽量使用专用道的原则，将各个场馆驻地之间的需求进行分布。运行模型并输出结果，研究重点路段、车道和节点的情况并采用指标进行评价，根据评价结果提出改善建议和优化方案。

奥运专用道交通仿真所需要的基础数据包括两部分：一方面是从国外的奥运会举办城市收集有关的奥运交通组织和规划的经验资料以及国外城市举办典型大型集会活动后所积累形成的可用的交通组织方案资料等，用来作为指导北京市奥运交通组织方案制定的参考材料；另一方面是从北京市奥运交通环及其周边地区路网自身的特点出发，就自身具备的交通和地理特性进行调查，包括奥林匹克专用道和奥运各场馆周边主要的交通设施设计参数、交通需求方式的组成和结构、拟定的道路使用规则、交通控制方案及其道路环境条件等。

具体实施方法：

（1）拟定所需数据和资料的清单；

（2）制订相应的资料收集和观测计划；

（3）搜集资料过程中要结合具体情况对计划中未列出的资料内容进行补充。

所使用的资料及参数信息见表6–2。

表6–2　模型输入参数需求

信息类别	具体内容
奥运场馆比赛信息	奥运各场馆赛事信息，不同比赛日以及每个比赛日上午、下午和晚上比赛具体时间表
	不同赛事情况下各类人员来场交通方式的划分信息
	各个场馆及驻地人员用车信息（包括居住人员类别、人数、用车数量、种类、时间段）
O–D信息	2008年的交通小区分区图（包括交通小区的划分方式、小区数目、小区与周边道路连接方式）
	2008年比赛高峰日高峰时段内的O–D矩阵，该O–D矩阵应包括不同客户群的O–D信息（即分方式的O–D信息），以及不同客户群的不同时段O–D信息
	2008年比赛高峰日高峰时段内的背景交通O–D矩阵，该O–D矩阵应包括不同子时段的O–D信息，背景交通的交通组成
交通组织方案	2008年奥运会期间的交通组织方案
奥运交通环路网及场馆周边路网信息	奥运交通环路网的GIS图，路网的经纬度信息
	道路等级
	路段的长度、坡度、车道数、车道宽度、车道功能划分
	立交桥的坡度
	路段实测交通量、速度
	路段的自由流速
	路段的设计通行能力
	2008年比赛高峰日宏观模型仿真的路段流量（包括不同交通方式、不同时段的流量）
信号配时信息	奥运车辆经过的平面交叉口基本信息（包括车道数、车道功能划分、交叉口大小等）
	奥运车辆经过的每个交叉口的信号配时方案（包括相位数、绿信比）

奥林匹克专用道交通仿真系统模型按照专用道所在道路的基本道路信息完成构建，在模型中，按照实际情况设置道路路段长度、转弯半径、匝道以及其他基本路况属性值，并分别对奥运车辆各种车型属性进行设置。

为了能够更加真实地反映2008年奥运专用道的运行状况，更加合理地评价奥运大家庭和社会车辆的服务水平，需要对奥林匹克专用道仿真系统模型和宏观模型的部分参数进行统一，比如不同群体的自由流车速、O-D小区划分、社会车辆组成以及路段通行能力等。这部分数据与相关部门进行协调、统一。

6.4.2 模型输入条件

6.4.2.1 专用道设施搭建

依据奥组委规定，奥林匹克专用车道是赛时在通往机场、奥林匹克大家庭成员住地、媒体酒店、比赛训练场馆、非竞赛奥运重要设施的道路上施划的，供持有奥运会车证的车辆通行的专用车道。旨在为奥运大家庭成员提供安全、快速、便捷的交通服务。

奥林匹克专用车道施划路段如表6-3所示。

表6-3 奥运专用道经过路段

起　点	经过路段	终　点	长度（km）
首都机场	首都机场高速路	东直门北桥	20.5
首都机场	首都机场北线快速路	京承高速路北七家桥	13.6
首都机场3号航站楼	李天路（机场南线）	京承高速路黄港桥	14.5
五元桥	东五环路、北五环路、西五环路	八角桥	35.1
四方桥	东四环路、北四环路、西四环路	丰北桥	41.5
建国门桥	东二环路、北二环路、西二环路	复兴门桥	15.3
四惠桥	京通快速路、建外大街、建内大街、复兴门内大街、复兴门外大街、复兴路	五棵松桥	18.4
望和桥	京承高速路、白马路	水上公园东口	40
北二环路德胜门桥	德外大街、八达岭高速路	八达岭高速路13C出口	34
八达岭高速路13B出口	昌平南环路、龙水路	东关环岛	4.1

起　点	经过路段	终　点	长度（km）
北五环路肖家河桥	万泉河路	苏州桥	6.2
科荟路林萃路口	科荟路、学清路、学院路	学院桥	4.3
大屯路北辰西路口	大屯路	小月河西路南口	1.8
林萃桥	林萃路	林萃路南口	2.4
安翔北路北辰西路口	安翔北路、志新路、成府路	成府路西口	7.1
仰山桥	安立路	绿色家园北口	1.9
北辰西路南延路南口	北辰西路	奥林西桥	6.6
北辰东路南口	北辰东路	奥林东桥	2.1
民族园路	民族园路	民族园路	0.6
钟楼北桥	鼓楼外大街、北辰路	北辰桥	3.8
西直门桥	西外大街、中关村南大街	北理工东门路口	5.4
东四十条桥	工人体育场北路	新东路路口	1.6

上述路段双方向最内侧车道施划为奥运专用车道，见图 6-5。

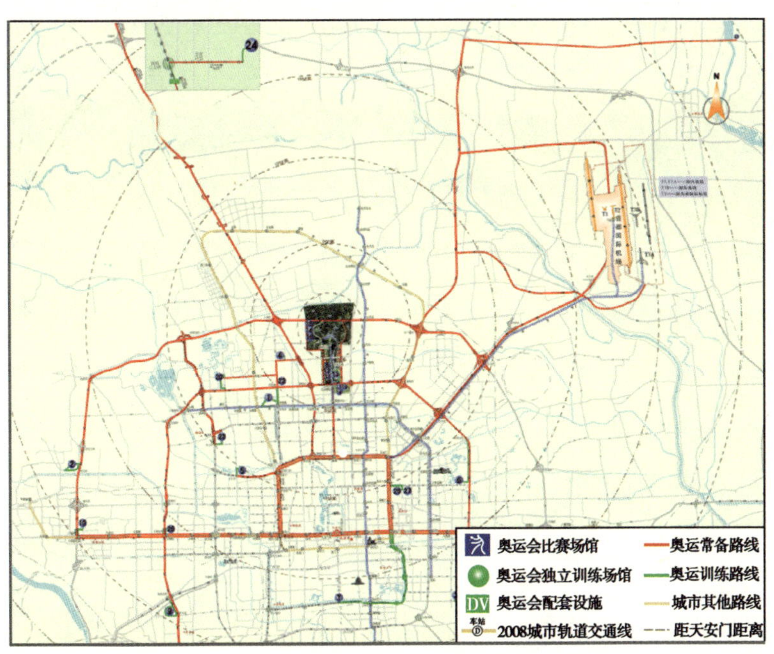

图6-5　奥林匹克专用道施画方案

由于奥林匹克专用道交通仿真系统用于评价奥运需求加背景交通需求条件下“哪些地点或路段会成为拥堵路段，需要减少多少背景交通，才能满足奥运赛时的运行需求，何种组织方案更加合理”等问题，所以构建模型时，不仅需要设置奥林匹克专用道，还需同时搭建专用道所在道路上的其他车道，用来加载2008年背景交通量。

根据北京奥组委提供的奥林匹克专用道施划方案，结合北京市GIS道路设施数据和对部分专用道立交、平面交叉口的实际调查数据，构建了奥林匹克专用道路网模型，如图6-6。

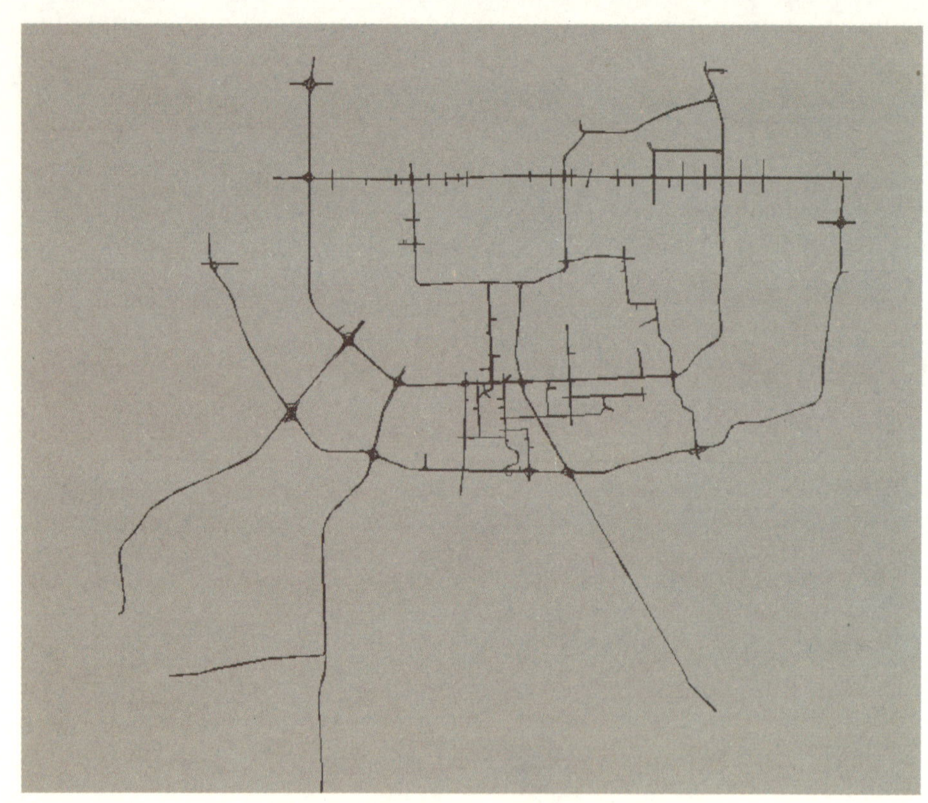

图6-6 奥林匹克专用道仿真系统模型路网界面

6.4.2.2 奥运场馆和驻地设置

依据交通分区和北京奥组委提供的场馆驻地相关资料，根据奥运场馆和驻地的位置分布搭建60对OD对，指定相应的通行路径，作为车辆产生和消失的端点。考虑到有些车辆需要经过社会道路才能行驶到奥林匹克专用道上，模型中对这些社会道路也有所体现。在奥林匹克专用道路网模型的基础上结合场馆驻地初步建构了专用道仿真模型基础界面，如图 6-7 所示。

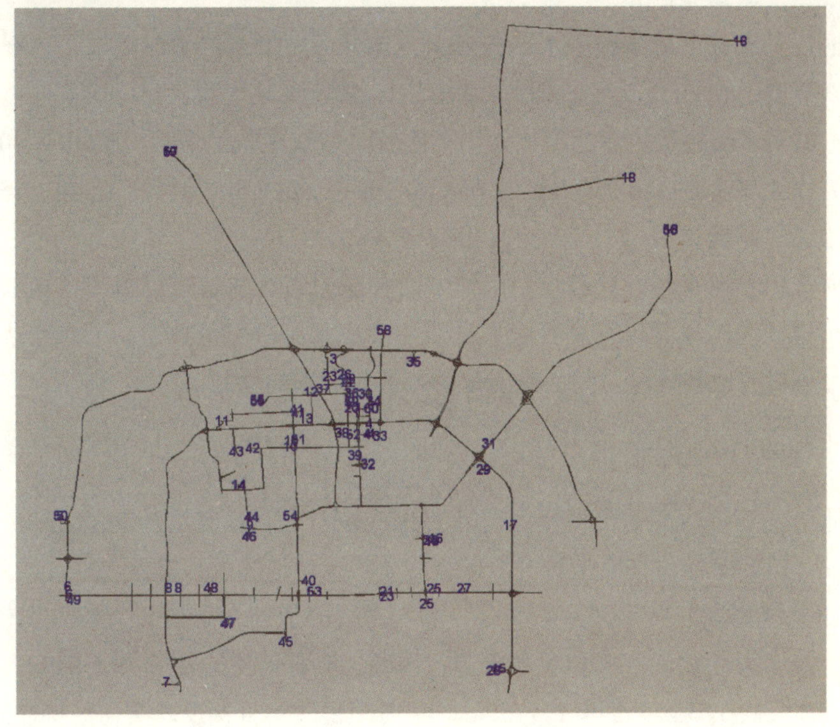

图6-7　奥林匹克专用道仿真系统场馆驻地分布图

6.4.3　仿真参数标定

仿真模型中根据已有的基础数据，需要对奥林匹克专用道的使用原则、路径参数进行设置，并进行合理的假设。

6.4.3.1　使用规则

依据奥组委提供的奥林匹克专用车道通行政策，奥运专用道使用规则如下：

（1）奥运会期间，持有北京奥组委核发的通行证的车辆，包括服务于奥林匹克大家庭成员车辆、奥运会运行车辆、各类保障车辆、安保车辆优先通行；

（2）持有奥组委颁发的奥林匹克专用车道通行证的后勤保障车辆准予通行；

（3）社会车辆在 0:00 ~ 7:00 可以借道行驶，其他时间禁止在奥林匹克专用车道内通行。

（4）在模型中，需要充分考虑所有可能的奥运交通出行，因此，在模型建构中，可以使用奥林匹克专用道的客户群或车辆包括：贵宾、运动员、技术官员、媒体工

作人员和媒体自备车以及部分后勤保障车辆。

6.4.3.2　车速参数

依据各等级城市道路服务水平的要求，充分考虑奥运赛事的需求，行程车速的期望值以不低于60km/h为宜。因此在模型中，进行如下设置：

（1）奥运车辆的自由流速度：大车车速50～60km/h，小车车速60～70km/h；

（2）社会车辆的自由流速度：大车车速30k～40km/h，小车车速40～50km/h。

6.4.3.3　路径参数

根据奥组委现有的方针政策，以最方便快捷的到达驻地或场馆和尽量采用奥林匹克专用道为基本原则进行路径设置，采用动态路径分配原则进行OD分布的流量分配，对每对驻地和场馆之间的需求和路径进行合理的指定。

6.4.4　仿真模型验证

交通仿真是在软件平台构建仿真模型的一种应用。模型是否符合实际情况需要通过验证，以此保证仿真模型对实际道路交通状况的描述的可靠性。

通过车辆分类、加速区、交叉口、基本路段等道路功能区设置以及车辆性能、驾驶行为等因素在软件平台相关参数进行设置，奥林匹克专用道仿真模型本身能够比较完整地反映车辆实际的运行状态。车头时距是最为直接反映交通流特性的参数，其分布对交通仿真模型具有决定性意义，因此本技术采用车头时距，对模型的效果进行验证。如图6-8所示，通过对部分路段的数据对比，可以看到，实际车辆行驶具有随机性，模型车辆行驶具有数学意义上的相对稳定性。

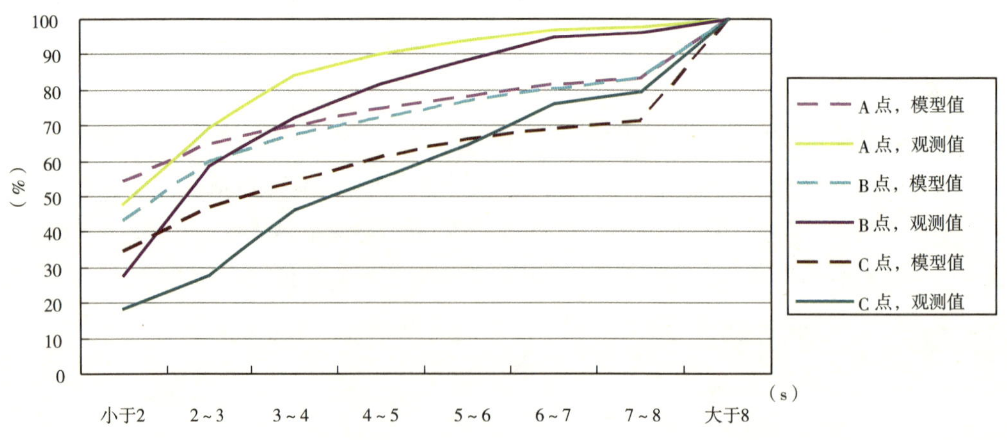

图6-8　不同地点车头时距累积分布模型值与观测值的对比

由于专用道主要关注车辆在道路上的运行是否能够在预期行进速度下达到目的地，道路上整体运行状态是模型的重点。车头时距一方面反映车辆的跟车行为，另一方面反映了道路上车辆到达是否呈现连续性特点。车头时距分类关键点为最小跟车时距、连续跟车时距。参考有关研究成果，采用 4s 和 6s 进行分界，对多个地点、整体层面分析对比观测数据和模型输出数据的差别。如图 6-9 所示，三类车头时距模型误差分别为 3.5%、4.9% 和 8.4%，说明仿真模型基本较好地反映了车辆实际运行效果。

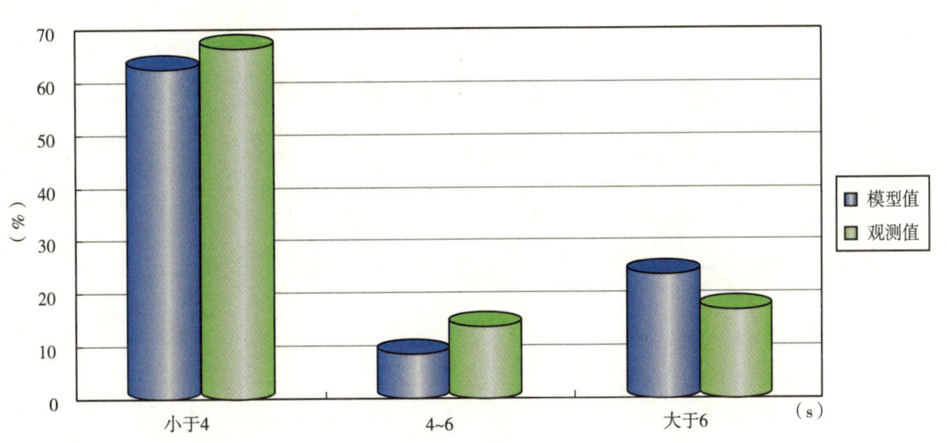

图6-9　车头时距分布模型值和观测值的对比

道路交通流量能够直接对比验证模型效果，通过对奥运期间部门路段流量与模型仿真进行比较，总体效果较好，如图 6-10 ~ 图 6-13 所示。

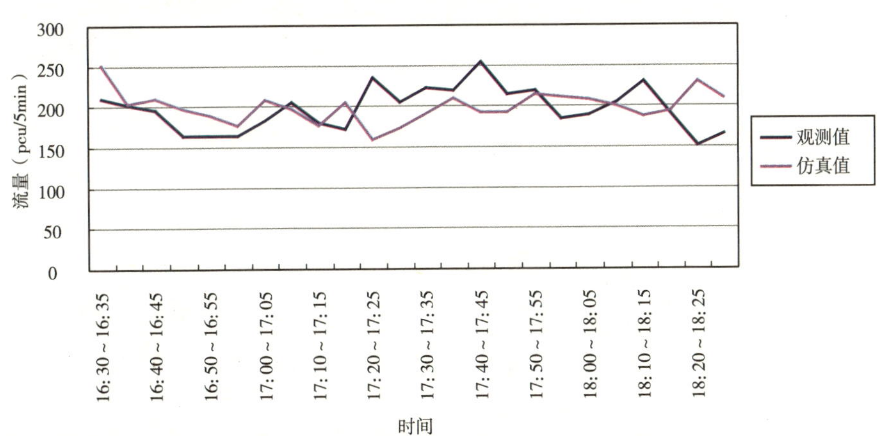

图6-10　道路交通流量仿真值和观测值对比（西长安街，东向西）

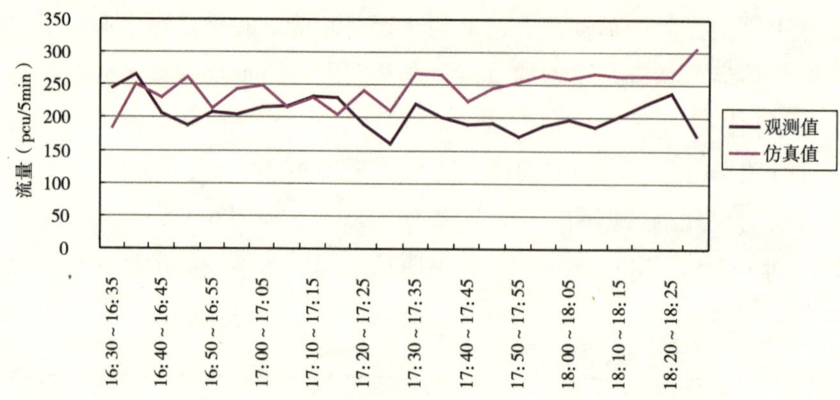

图6-11　道路交通流量仿真值和观测值对比（东二环路朝阳门桥，北向南）

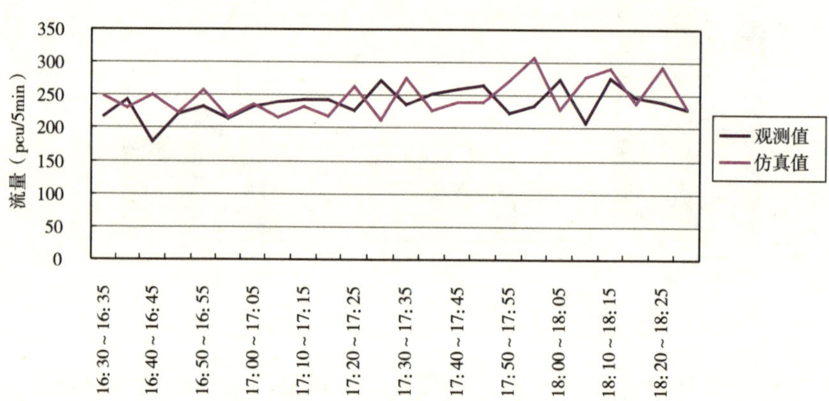

图6-12　道路交通流量仿真值和观测值对比（北二环路德胜门东大街，西向东）

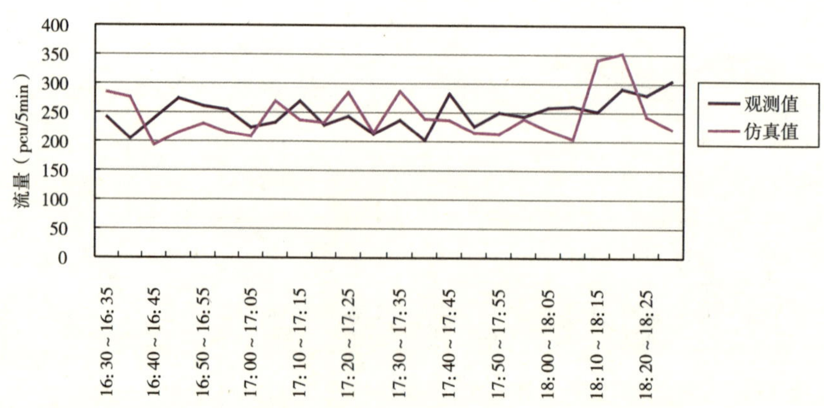

图6-13　道路交通流量仿真值和观测值对比（西二环路阜成门桥，北向南）

6.5 奥运场馆行人交通仿真

通过对奥运场馆行人交通进行仿真研究，能够降低奥运交通风险，对有关的营运计划或交通组织方案进行评估，减少大规模演练的费用，针对有关的比赛、开幕式、闭幕式交通营运和组织提供辅助决策。

6.5.1 技术框架

大型活动行人交通仿真的目的是为活动期间的行人交通管理决策提供依据。仿真主要是分析重点地段、时段的行人交通特性，得到不同类别交通特性指标，进而检验管理措施方案，为方案比选提供客观依据。

要获得有效的、客观的仿真结论，需要以有效的行人特性为基础，并辅以多样化、直观化的输出结果，方便对方案效果的比较。大型活动行人仿真测试流程如图 6-14 所示。

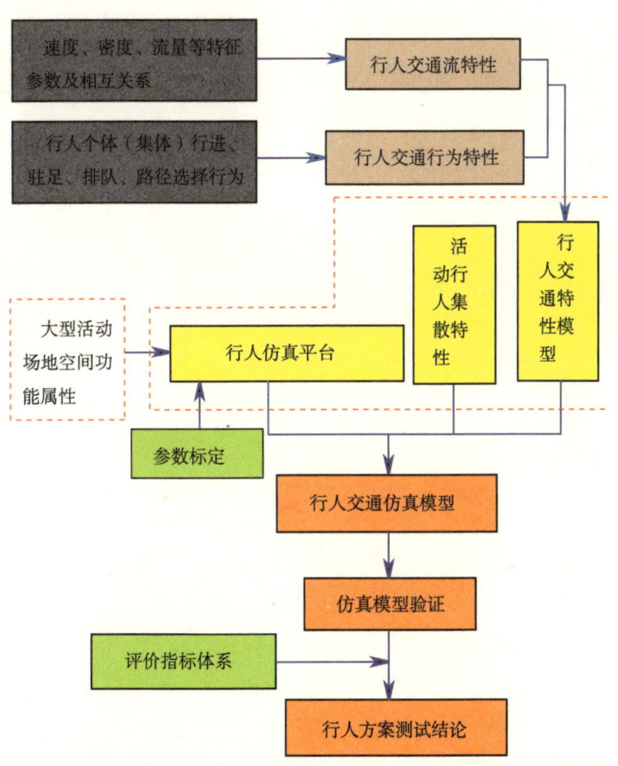

图6-14 大型活动行人仿真测试流程

6.5.1.1　行人交通特性

行人的交通特性是构建有效的仿真模型的重要组成部分，包括：行人速度及分布、不同场地的速度变化、排队等待时间、路径选择等。规划方案的设施条件、管理措施等交通供给条件，也通过相应模块反映。

6.5.1.2　行人交通仿真模型

行人模型是一个分析工具。通过行人仿真模型平台，能够得到更为细致、可靠的输出结果。对大型活动的认识、对参与者的行为的认识，在模型分析过程中，是一个必要的基础性的工作步骤。模型针对对象特点，描述相应场景。

6.5.1.3　仿真模型的验证

验证是计算机模型中常用的方法，模型的验证过程需要同已有的标准进行对比。行人模型主要根据已有的规划、设计标准同实测数据进行比对。在已有的场景、环境，建立尽可能相似的外部输入条件，将输出结果同实际数据比较，通过结果推测运算过程的正确性。

通过中国行人基础特性调查，进行参数标定，并且验证行人仿真模型的适用性，主要包括以下几个方面：

（1）功能验证：对不同功能区所产生的行人交通行为的变化进行测试，以确定模型的功能模块发挥有效作用；

（2）定性验证：通过数据和第三方模型的对比，说明模型分析的效果；

（3）定量验证：实验数据在总体上的有效，并且真实效果的误差满足要求。

6.5.2　国家体育场开幕式散场仿真实例

国家体育场开幕式散场阶段，除了注册贵宾、媒体工作人员外，共有约 6 万名观众观看开幕式，其中 1000 名为运动员，另有 5.9 万名持票观众。

国家体育场的看台由三层看台组成，观众分别在上层（所有看台区，东部西部较多，南北两部较少，共 30418 人）、中层（东部、南北部看台区，共 14209 人）、下层（东部、南北部看台区，共 15386 人）就座。主要从场馆的北侧、东侧和南侧进行疏散。国家体育场看台设置如图 6-15 所示。

由于散场过程是客流集中疏散的过程，在主要的看台区、楼梯上、通道内和观众看台出口、楼梯口、通道口等地方，都会形成人员拥挤的情况，需要人流引导和疏控措施。

国家体育场各层观众分别由各自的疏散路径到达地面，然后离开主体建筑（钢结构），就近选择疏散门离开国家体育场围栏区。观众流线组织如图 6-16 所示。

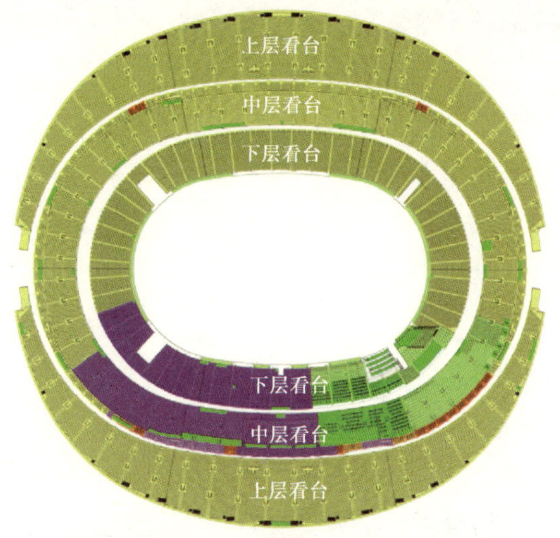

图6-15　国家体育场看台设施示意图

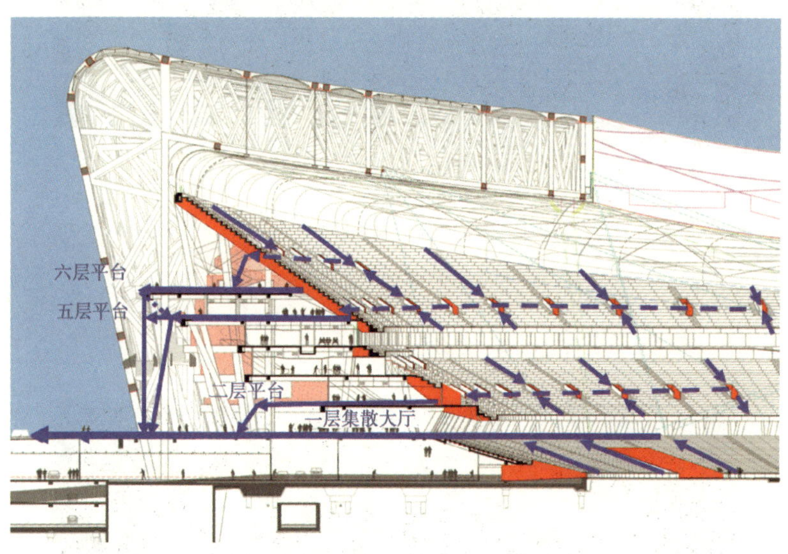

图6-16　国家体育场观众散场流线组织示意图

6.5.2.1　仿真目标

为了保证观众安全、有序疏散，提供更好的散场服务，查找潜在疏散安全隐患，降低观众疏散时的拥挤风险，通过仿真方法对开幕式观众疏散方案进行比选，缩短重点区域拥挤持续时间、降低观众疏散安全风险。

对开幕式观众散场的疏散条件进行梳理，具体情况如下：

（1）观众在场内时间长，对场馆不熟悉，散场时集中散场，容易发生拥挤、交叉，有安全隐患；

（2）由于建筑结构设计和贵宾区域控制的原因，观众散场时容易发生局部拥堵，特别是在五、六层大厅和上层看台；

（3）立面大楼梯具有高、长、窄的特点，工作下行速度缓慢，一旦有紧急情况，易引起连锁反应。

6.5.2.2　仿真结果分析

（1）地面观众散场效果。

如图 6-17 所示，观众自然散场时，上层、中层、下层观众在建筑主体外侧合流，人流密度较低，满足散场要求。

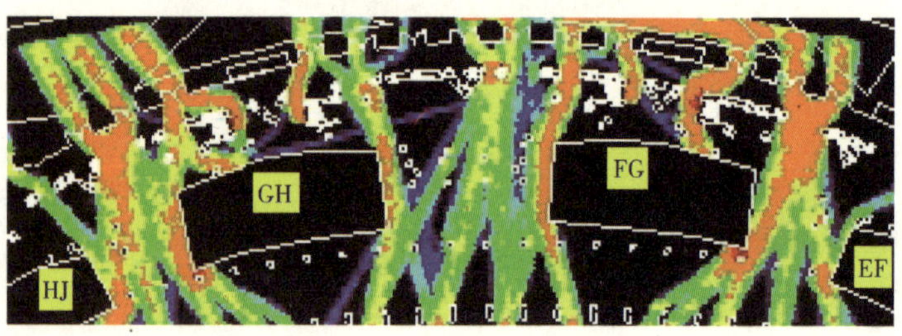

图6-17　观众自然散场地面累计最大密度图

（2）二层大厅。

如图 6-18 所示，二层观众自然散场时，就近使用散场楼梯时，东侧人流压力较大，在楼梯入口形成持续时间较长的堵点。

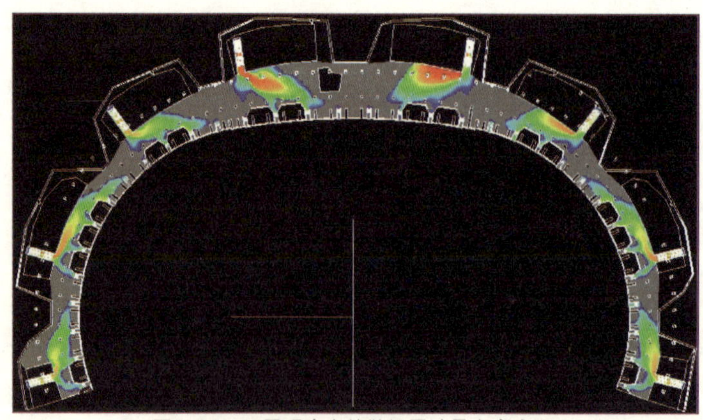

图6-18　二层观众自然散场累计最大密度图

因此，建议在散场期间，控制看台出口和楼梯入口的观众散场速度，适当加强向南北的引导，均衡散场楼梯的流量。

（3）六层大厅。

如图 6-19 所示，六层观众自然散场时，由于座位数有差别，造成东西两侧中部大楼梯入口处人流密度高、持续时间略长。

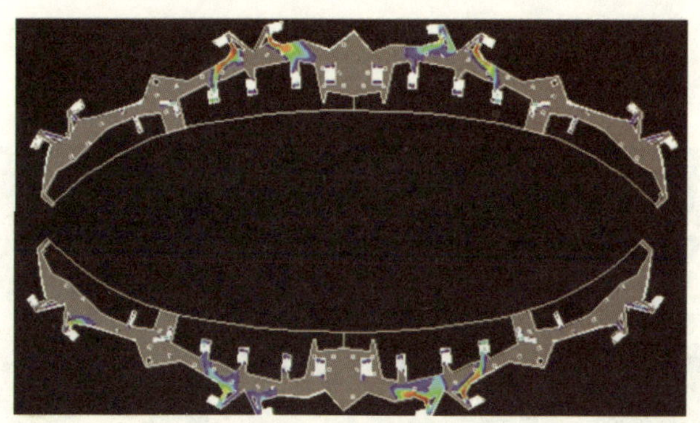

图6-19　六层观众自然散场累计最大密度图

因此，建议在散场期间在看台出口和楼梯入口进行流量控制，并加强大厅内对观众向南北方向的引导。

（4）五层平台。

如图 6-20 所示，散场期间，部分六层观众加入五层观众的散场人流，加大了五层大厅压力，受西侧散场平台通道瓶颈限制，观众在西侧向南北散场的通道内人流密度高，持续时间长，安全隐患较大。

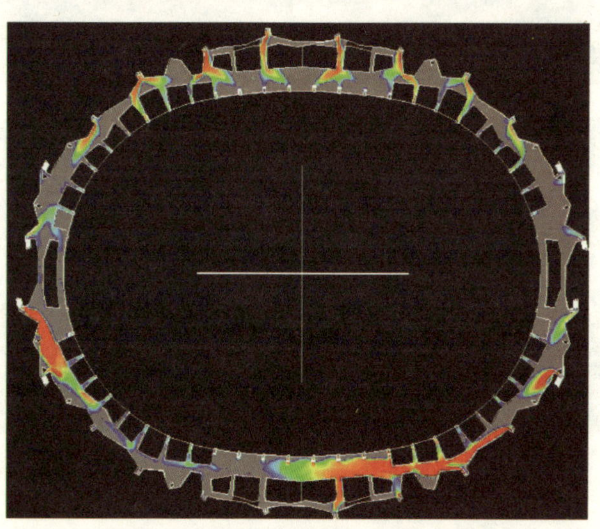

图6-20　五层观众自然散场累计最大密度图

因此建议，在看台出口和楼梯入口进行流量控制，加强大厅内对观众向南北方向的引导，加强对六层大厅六个立面大楼梯入口流量控制。

（5）五层平台不同组织方案效果比较。

根据以上分析可以看出，五层平台散场期间，局部区域密度较大，存在安全隐患，因而有必要对不同的组织方案再次进行测试，对其结果进行比较，为制订最佳的组织方案提供依据。测试方案主要有三种，三种方案仿真效果如图 6-21 所示，仿真结果对比如下。

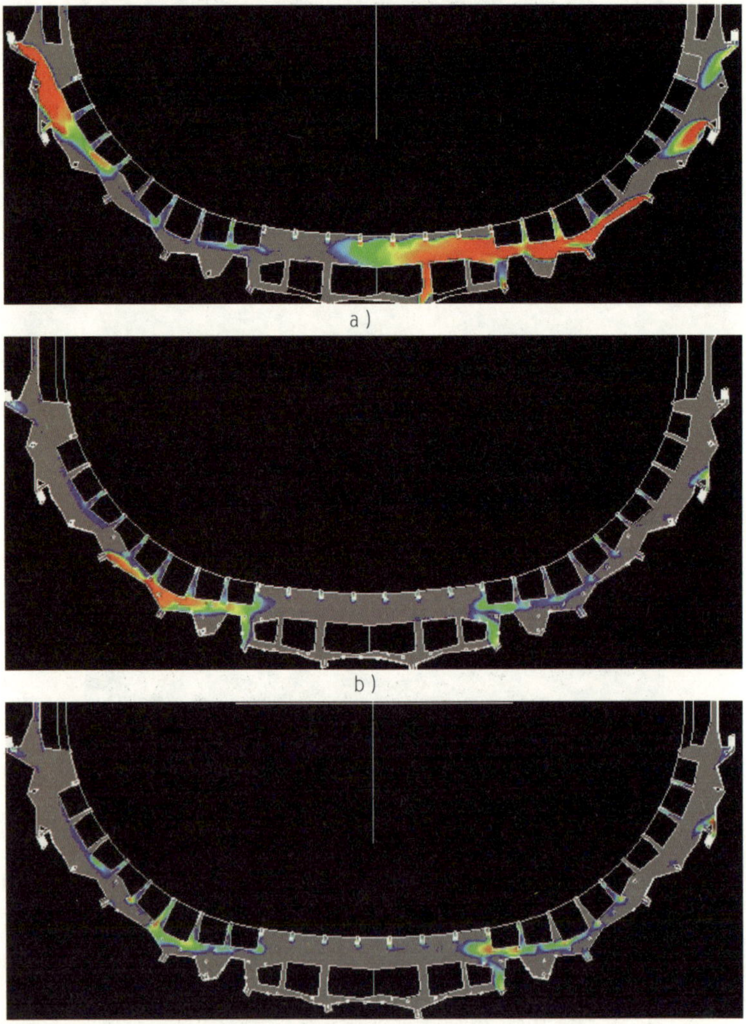

a）

b）

c）

图6-21　五层观众三种组织方案仿真效果图

a）方案一；b）方案二；c）方案三

① 方案一：自然散场。

仿真结果：出现区域性高密度较长持续时间的状态，存在较大安全隐患。

② 方案二：引导 + 看台出口控制措施。

仿真结果：观众高密度集聚时间缩短了 5 ~ 10min，总散场时间持续约 40min，略有加长，但提高了散场的秩序，有效降低了观众散场速度，缓解了主体建筑内部和外围的观众散场压力。

③ 方案三：8000 人团体购票观众（坐在西侧上层看台），五层、六层观众分批次散场。

仿真结果：基本消除了观众长时间集聚的情况，降低了散场拥挤风险、提高了团体购票观众散场的舒适程度。

6.5.2.3　管理措施建议

根据仿真和实际组织条件，找到不同组织方案条件下的疏散情况，提出有关工作建议。

因此，为解决以上问题，应遵循下列原则形成有序的散场方案：

（1）分区设置管理人员，引导观众就近散场，避免流线交叉；

（2）逐级控制、定点组织，便于管理、消除隐患；

（3）分批次散场，缓解散场压力。

按照上述原则，采取相应管理措施：

（1）预先发放观众退场须知；

（2）通过广播、大屏幕和现场志愿者加强看台引导；

（3）在五层大厅加强向南北引导观众；

（4）在看台出口和楼梯入口控制观众散场速度；

（5）上层西侧 8000 人团体购票观众与坐席区分时散场，推迟约 15min 后开始散场，并且根据疏散效果，提出服务人员岗位分布。

在国家体育场开幕式期间，以上措施基本得到了应用与借鉴。

6.5.3　行人交通仿真技术创新

奥运交通需求具有典型的突发性和高强度特征，直接影响着奥运比赛场馆观众进散场、场馆周边行人交通流是否安全、快速、有序。为了应对这个难题，北京通过行人交通仿真技术，对有关的营运计划或交通组织方案进行评估，降低奥运交通风险，减少大规模演练的费用，为制订合理可行的奥运会交通组织方案、预案提供支持。

此外，国际上先进的行人交通仿真模型并不能直接使用，最关键的技术难题是对我国行人交通特性的捕捉和分析，这样才能准确的指导行人组织优化工作。

主要技术创新点有以下几个方面：

（1）根据大型活动特点，分别针对集中进场和陆续进场的活动，构建了行人集散模型，并通过 Gini-Simpson 系数和 Gini 集中度指标进行集散过程评价，为分析行人时间集中程度提供量化指标。

（2）中国行人交通流特性：基于各种类型场地条件下的实测数据，建立了场地条件、性别、结伴、行走目的等多种因素对速度的影响关系；研究了行人交通流的速度、流量、密度三要素之间的关系，构建了行人交通流模型；通过交通流模型分析、行人时空消耗原理，计算了常规行人设施及安检等排队通道的通行能力；根据中国行人交通流特性，以中国行人拥挤感受阈值为划分标准，制订了兼顾交通流特性和使用者主体需求的服务水平等级划分方法，并提出了相关的应用指标，为大型活动的组织方案设计提供理论依据。

（3）在分析大型活动行人路径选择和拥挤状态下的行人交通行为的基础上，基于 Logit 模型构建了拥挤状态行人行为（拥挤阈值、拥挤感受、反应和动作）模型及路径、目的地选择模型。

（4）针对拥挤人群的特点，用有序度和熵作为评价指标，提出了大型活动的行人规划组织方法。

7 绿色交通

7.1 新能源车辆

为实现“绿色奥运、科技奥运、人文奥运”三大理念，2001 年科技部、北京市政府、北京奥组委联合有关部门，启动实施了“奥运科技（2008）行动计划”。其中，在北京奥运会残奥会期间大规模应用我国自主研发生产的节能与新能源汽车是其重要内容之一。

7.1.1 概况

电动汽车已经多次在包括奥运会在内的国际大型运动会上得到应用，自 1972 年慕尼黑奥运会首次使用纯电动车作为运动员引导车以来，历届奥运都不断扩大电动汽车的使用规模。在 1996 年亚特兰大奥运会上，共使用各种电动汽车 300 多辆，在 2000 年悉尼奥运会上，使用了近 400 辆电动客车作为接送运动员车辆，2004 年雅典奥运会和 2006 年都灵冬奥会也大量使用了电动汽车。

在能源、环境、绿色 GDP 增长问题日趋受到社会公众重视的现在，具有低排放、能源利用多样化、低噪声、低热辐射特征的新能源汽车必将成为交通领域节能减排的主要替代产品。

作为北京奥运“人文、科技和绿色”理念的集中体现之一，新能源汽车在奥运村、媒体村、场馆和常规线路上的运输服务，特别是纯电动客车在奥运中心区的零排放应用，兑现了申奥承诺。

奥运会期间各类车型共595辆交付使用，主要用作公务用车、奥运场馆保点出租汽车、奥运村内环线及奥运中心区周边公交专线公交车，其中包括50辆纯电动公交客车、7辆混合动力公交车和3辆国产燃料电池客车（图7-1）。新能源汽车围绕科技奥运需求，实现了奥运中心区交通“零排放”、中心区域周边地区及奥林匹克交通优先路线交通“低排放”目标。

图7-1　混合动力车及燃料电池车辆

奥运会、残奥会期间，595辆车累计运行371万km，运送乘客441.7万人次，执行公务用车970车次。其中，50辆纯电动公交客车从2008年7月23日全部在奥运村注册完毕到残奥会结束，总计运行里程13.13万km，载客14.5万人次，快速更换电池2017次，实现了中途零故障、零抛锚，顺利完成了奥运会的运营任务。

27辆混合动力公交车从2008年7月20日到残奥会结束安排在奥运专线1号环线示范运行。该线路24h不间断运行，而且客流较大。累计行驶30万km，运送乘客141万人次。

3辆国产燃料电池客车于2008年8月1日开始正式载客运营，在801区间常规线路（北宫门——人民大学）进行示范运行。截至2008年年底，3辆运营车辆累计行驶26086km；运营时间1897h；载客18092人次；氢气消耗量10.83kg/100km，远低于奔驰车同期水平；出勤率99.32%；满载率27.39%；期间发生故障9次，平均故障间隔里程2880km，圆满完成了奥运期间示范运行和服务任务。

新能源客车在奥运期间及后期的示范运行中，充分显示出优良的环保特性，向社会和公众进行了新能源车辆技术的科普宣传，向世界展示了我国863计划的科研成果，具有环保和能源效益。

奥运会结束后，50辆奥运电动汽车和3辆燃料电池客车继续进行公交常规运营或示范运行。为具有自主知识产权新能源客车的技术路线的选择、技术性能改进与完善、制造和运行成本的降低积累了宝贵的实际运行数据，进行了有益的研究和探索。奥运纯电动车及充电站如图 7-2 所示。

图7-2 奥运纯电动车及充电站

7.1.2 新能源车辆新技术

奥运电动客车在国际上首次规模应用了高能锂离子动力电池，开发了电池组模块化封装系统，实现了动力电池自动快速更换。发明并开发了电机和机械自动变速器组成的一体化动力传动、卧式涡旋式零泄漏一体化冷暖空调、整车信息化控制、电池组能量管理等关键技术产品。整车实现了轻量化设计，解决了用电体制、二次绝缘及安全可靠和冗余稳定等难题，专家鉴定认为“整车综合技术指标达到国际先进水平，部分性能指标达到国际领先水平”。

在电动客车应用方面，建立了车辆应用与动力电池管理分开、动力电池租赁、集中分箱充电、电池组快速自动更换、远程监控与智能调度、集中维护保养的电动客车运行体系。

7.1.2.1 整车产品开发

完成奥运用纯电动客车整车产品规划和定义；基于纯电动客车动力系统平台研究成果，进行奥运用纯电动公交客车整车设计，完成纯电动客车及关键部件的安全性和可靠性设计和试验；建立电动客车整车研发体系，完善从整车概念设计到工程设计的标准化管理，进行整车结构优化和轻量化设计。

7.1.2.2 进行四个平台的建设与完善

（1）产品设计平台：与“纯电动车动力系统设计平台”对接，保证整车设计质量和工作效率。

（2）计算机辅助工艺设计平台：实现以产品工艺结构和装配为核心的工艺编制、工艺文件编辑、数据维护、工艺查询等功能。

（3）产品检验平台：适应纯电动客车电气设备及整车电气系统使用性能和安全性能检验。

（4）产品生产平台：对原有整车生产胎具、模具改造更新，严格控制产品制造精度，保证奥运电动车的高品质和高可靠性。

7.1.2.3　实现纯电动客车生产产业化

研究解决纯电动客车批量生产的工艺性问题和质量保障体系，完善工艺技术文件，确保整车生产质量，降低生产成本。形成纯电动客车生产技术规范、工艺规范、企业产品质量标准，完成纯电动客车定型试验，取得产品公告，满足产业化技术要求，完成 50 辆纯电动客车的小批量生产。在北京奥运会成功应用，并在奥运会后继续与常规公交车一样进行公交运营。从 2008 年 7 月至 2009 年 3 月，50 辆纯电动客车已顺利运行了 60 多万千米。

新能源车的示范运行，可以优化交通能源结构、减少石油燃料消耗、降低环境污染。同时对整个汽车技术领域和产业具有影响和带动作用，促进了整车开发流程、虚拟设计、系统集成与控制技术、匹配标定与性能优化技术、试验评估与质量考核技术等整车开发技术的发展，带动了汽车电子、电机、电池和电控等关键零部件技术的提升。

7.1.3　新能源车辆发展前景

目前，新能源汽车的发展状况表现为：纯电动汽车技术成熟，在特定区域得到推广应用；混合动力汽车技术渐趋完善，进入商业化运营阶段；燃料电池汽车技术处于新的突破前期，正成为研发重点。

（1）纯电动汽车在特定区域得到应用。经历了长期发展，纯电动汽车技术逐步成熟，并在美国、日本、欧洲等得到商业化的推广应用。目前，世界上有近 4 万辆纯电动汽车在运行，主要在公共运输系统使用。

（2）混合动力汽车商业化进程加速。混合动力汽车因兼顾纯电动汽车和传统汽车的优越性而受到世界各国的高度重视，随着技术的日趋成熟，混合动力汽车已经进入商业化推广应用阶段。

（3）燃料电池汽车研发更加深入并开始示范运行。国外企业界纷纷组成强大的跨国联盟，以期达到优势互补的目的，如日本丰田公司与美国通用公司，日本东芝公司和美国国际燃料电池公司，雷诺汽车公司与意大利迪诺拉电极公司分别组成联盟开发燃料电池汽车。

7.2 电动车充电站智能检测

为保障奥运期间电动客车运行的能源供给，在奥运中心区建设了面积为 5000m^2 的电动汽车充电站，该充电站在国际上规模最大、充电机数量最多，充分考虑了功能性、技术要求、经济效益和社会效益等多方面因素，在奥运期间为 50 辆电动客车提供 24h 充电、动力电池更换服务及相应的整车和电池维护保养服务。

7.2.1 电动车充电站构成

电动车充电站的主要构成包括以下几部分：

（1）动力电池更换系统；

（2）充电机；

（3）充电监控系统；

（4）智能调度系统。

7.2.2 电动车电池智能管理技术

电池管理系统采用集散式系统结构，系统功能、电压和电流全范围检测精度达到了国内外同类产品水平，建立了基于自适应双卡尔曼滤波的 SOC 估计算法模型，经示范运行检验，SOC 估计精度在 8% 以内，能满足运行使用要求。同时，管理系统具有整车绝缘电阻监测能力，确保了电池和人身安全。

7.3 新材料、新工艺

7.3.1 废胎胶粉改性沥青技术

废轮胎难以降解，无论采用堆放、填埋还是焚烧的方法处理都将带来新的污染，不但污染环境、占用土地资源，而且容易滋生蚊虫传播疾病。将废轮胎加工成橡胶粉是世界上公认的废轮胎橡胶无害化、资源化的处理方法，其中将废轮胎橡胶粉作为沥青改性剂在公路行业中使用，是废轮胎资源化、无害化利用的主要途径之一。

通过全面评价橡胶沥青的黏度性能，为制订橡胶沥青的技术指标奠定基础，并结合北京地区的石料特点，提出橡胶沥青及混合料级配组成的方法，通过在修筑试验路段验证了其应用效果，编制了我国第一部地方性《橡胶沥青及混合料设计施工技术指南》。

（1）全面评价橡胶沥青的黏度性能，为制订橡胶沥青的技术指标奠定基础。

由于橡胶沥青的特性，现有的重交沥青和改性沥青的技术指标不能全面评价其技术性能。参照国外有关橡胶沥青的技术规范，结合我国沥青和橡胶粉特点，提出以黏度为主要控制指标的橡胶沥青技术指标体系。采用旋转黏度计进行了几十种不同情况橡胶沥青的黏度试验，取得了全面的试验数据。

同时，总结提出了橡胶沥青的黏度试验方法。并结合工程情况，提出了橡胶沥青现场黏度检测的试验方法，并建立室内外黏度检测数据的回归关系。

（2）结合北京地区的石料特点，提出橡胶沥青混合料级配组成的方法。

根据橡胶（粉）沥青混凝土采用断级配混合料的特点，本项目根据北京地区沥青路面常用的玄武岩石料、石灰岩石料和钢渣对10型、13型、16型、20型和25型橡胶（粉）沥青混合料的级配进行了较为深入地研究和分析，提出了相应的骨架级配的组成方法和检验手段，为橡胶（粉）沥青混合料的使用奠定了基础。

（3）修筑试验路段，验证橡胶沥青混合料在北京地区的应用效果，同时确定了橡胶沥青路面的典型结构。

先后修建了两条试验路段：一条是顺平辅线试验路，另一条是门头沟南雁试验路。这些试验路段的修建一方面为了验证室内试验的研究成果，另一方面通过试验路的实施，总结、完善橡胶沥青及混合料的施工质量的控制方法和施工工艺，为制订相应的技术指标作准备。

（4）编制了我国第一部地方性《橡胶沥青及混合料设计施工技术指南》。

作为研究工作的总结，并为北京市今后开展橡胶沥青及混合料的推广应用，编制了我国第一部地方性橡胶沥青及混合料设计施工技术标准——《北京市橡胶沥青及混合料设计施工技术指南》。该指南中包括路用橡胶粉的技术标准、橡胶沥青的技术标准和橡胶粉混合料的设计指南以及相应的施工技术要求。

橡胶沥青混合料已经在北京市的顺平辅线、孔兴路、辛樊路、南雁路等公路中相继得到应用；机场南线高速公路是橡胶沥青在高速公路中首次应用（图7-3）；在四环路看丹桥、京通快速路的应用收到良好的效果；展西路空中隧道等奥运工程中的应用使得橡胶沥青的降噪效果得到充分的体现。

橡胶沥青混合料的应用为废旧轮胎的无害化处理提供了新的途径。从材料费对比看，橡胶沥青混合料与SBS改性沥青混合料价格相当。但是，橡胶沥青混凝土适用于新建及老路改建工程，对减少路面的反射裂缝、提高路面的整体承载能力都十分有利，使用橡胶沥青混合料可以延长道路的使用寿命。

根据研究测试结果，橡胶沥青路面比 SBS 改性沥青路面具有明显的降噪功能，噪声减少 2 ~ 3dB，相当于减少 30% ~ 45% 车流量产生的噪声。作为城市道路，橡胶沥青路面给道路两侧居民带来更安静、更和谐的居住环境，是发展环境和社会友好型城市道路的最佳选择。

图7-3　机场南线

7.3.2　温拌沥青混合料技术

沥青路面材料主要分为热拌混合料和常温（冷拌）混合料两类。其中热拌沥青混合料占绝大多数；冷拌沥青混合料只能用于沥青路面的修补，低交通量路面、中重交通量路面的下面层和基层。热拌混合料的路用性能较好,但是其污染大、能耗高、施工季节短、沥青老化较严重、不适合薄层摊铺等问题逐步被各界所关注。

近年来，介于热拌沥青混合料和常温拌和混合料之间的温拌沥青技术正趋于成熟并成为行业热点。温拌沥青技术，是拌和与施工温度均介于热拌沥青混合料和常温拌和混合料之间的沥青路面技术。在同样原材料条件下，温拌拌和温度和压实温度一般比热拌低10~60℃。温拌技术的核心是采用物理或化学手段增加沥青混合料的施工操作性，同时，这些物理或化学添加剂不应对路面使用性能构成负面影响。其中，最近国际上出现的基于乳化平台的温拌沥青混合料技术具有环保、节能、减轻沥青老化、路用性能优良等优点，可利用热拌沥青混合料的拌和、摊铺及碾压设备，不需另外添加设备。

本技术采用的是表面活性平台法，研究开发温拌沥青混合料，以特种乳化沥青替代热沥青，实现热拌沥青混合料拌制和摊铺稳定的降低，从而达到低排放、节能型、适合薄层摊铺的目的，十分必要。通过研究，在温拌混合料性能与设计方法方面得出以下结论：

温拌沥青混合料可以采用现行的热拌沥青混合料的设计方法、性能指标体系进行设计，设计出的温拌混合料最佳油石比与热拌沥青非常接近；

采用相同的材料和配比，温拌沥青混合料的各项技术指标与热拌沥青混合料接近，表征高温性能的动稳定度指标有明显提高；

温拌沥青混合料性能可以满足现行《公路沥青路面施工技术规范》热拌沥青混合料的技术要求。

7.3.2.1 推广使用情况

（1）2005年10月，101国道辅线温拌AC13试验路。这是国内第一条温拌沥青试验路，拉开了国内温拌技术应用的序幕。

（2）2006年9月，北京市百葛路温拌改性沥青SMA13试验路。这是全球第一条温拌改性沥青和温拌SMA13试验路。

（3）2007年6月，北京市四环快速路温拌改性沥青AC13试验路。

（4）2007年9月～10月，北京市通久路温拌试验路、南湖南路温拌试验路、蓝靛厂南路温拌试验路。这几条试验路改变了以往首先制作乳化沥青的温拌工艺，采用更加简单的直投方式，简化了拌和工艺。南湖南路温拌试验路和蓝靛厂南路温拌试验路进行了低温施工尝试。

（5）2008年在北京市奥运场馆区道路工程的中一路和林翠路施工中得到了应用。

7.3.2.2 产生效益

沥青温拌技术显著降低了混合料生产和施工中的温室气体和污染物排放。与热拌混合料相比，温拌技术的温室气体排放减少60%以上，一氧化碳（CO）减少12.2%，二氧化硫（SO_2）减少74.6%，沥青烟排放减少80%以上。温拌沥青混合料在减少温室气体排放、保护环境方面的效益是长期的。热拌与温拌沥青施工现场如

图 7-4 所示。

a）

b）

图7-4　热拌与温拌沥青施工现场

a）热拌沥青；b）温拌沥青

7.3.3　钢渣骨料在沥青混凝土面层的应用技术

钢渣是在转炉炼钢过程中生成的液态熔渣冷却固化后形成的工业废料，由于经过炼钢过程高温熔融和冷却，形成了质地坚硬、外观多孔、表面粗糙、多棱角等特征。

钢渣的有效利用可以解决多年来钢渣无序管理、占用大量土地的问题，缓解了首钢的压力，这对于国企的振兴起到重要的推动作用。钢渣用于沥青路面，可以节约大量的天然石料资源，是典型的环保项目。

通过对钢渣集料性能和对钢渣沥青混合料配比设计的研究，通过试验对混合料进行综合性能的评价，编制了《钢渣沥青混合料设计施工技术指南》，主要成果如下。

（1）钢渣做沥青混合料粗集料的性能研究，侧重于抗滑性能的研究。

研究证明，经过合理的加工工艺，钢渣可以作为优质的粗集料用于沥青混合料中，其压碎、磨耗等资源性指标均满足现行规范的要求。同时，钢渣还具有良好的表面特性和抗滑特性。采用磨光值等指标评价钢渣的抗滑性能，钢渣的抗滑性能明显优于玄武岩。

（2）钢渣沥青混合料的配比设计。

由于钢渣的密度比普通石料大，对钢渣沥青混合料的配合比设计没有经验可循，钢渣沥青混合料的配合比设计就显得尤为重要。通过调整矿料级配形成骨架密实结构，保证钢渣沥青混合料具有良好的性能。

（3）钢渣沥青混合料的性能评价。

通过室内试验和铺筑试验路，对钢渣沥青混合料的性能进行综合分析，在论证其高温稳定性、低温抗裂性和水稳定性的基础上，针对钢渣的特点，进行了钢渣体积稳定性的研究（图 7-5）。

图7-5　钢渣试验路照片

研究发现，钢渣沥青混合料具有良好的抗滑性能。试验路经过两年多的使用，钢渣沥青混合料的抗滑性能衰减程度明显低于普通沥青混合料。这说明钢渣沥青混合料在行车荷载的不断压密作用下抗滑性能更持久，具有更好的抗滑耐久性。

（4）编制了《钢渣沥青混合料设计施工技术指南》。

该指南明确提出了钢渣用于沥青路面的技术标准，钢渣沥青混合料设计方法和控制指标以及钢渣沥青混合料性能要求，为钢渣沥青混合料的应用提供了依据。

钢渣沥青混合料已经在双清路和南雁路得到应用，尤其是在南雁路的使用使钢渣沥青混合料良好的抗滑性能得到了验证（图 7-6）。

钢渣沥青混合料适用于城市道路、高速公路以及山区公路中对抗滑性能有较高要求的路面表面层。使用钢渣沥青混合料作路面的抗滑表层，可以达到提高行车安全性的目的。

图7-6　南燕路试验照片

钢渣作为一种废料，用于沥青混合料中，可以相应地降低混合料成本，也为钢渣再利用提供巨大的驱动力。

钢渣用于沥青路面，可以节约大量的天然石料资源，是典型的环保项目，在努力建设资源节约型、环境友好型社会的今天，更具有重要的现实意义。对于道路建设来说，可以节约大量的建设投资，提高路面的性能和使用质量，尤其是在对抗滑性能要求高的山区道路、城市快速道路等，采用钢渣沥青混合料抗滑表层对提高路面的抗滑性能和安全性更具有重要的意义。

将钢渣经过适当的处理用于道路工程中，可以为道路建设开辟新的料源，从而节约大量的天然石料。随着社会的进步和天然资源的减少，钢渣用于沥青混合料的优势会逐步凸现出来，所产生的长期社会效益更为可贵。

7.3.4 蓄能自发光标志标线

国内外目前广泛使用的道路标线涂料为被动反光型，在规范驾驶、维护交通安全中发挥了非常重要的作用。但普通标线涂料在夜间无光照环境下不能反光而失去可辨认性，给交通安全带来极大危害。如在偏远的山区路、乡镇路，由于普通标线涂料没有灯光照射，使行人和非机动车使用人看不清标线，给交通出行带来极大危害。

蓄能自发光标线是为了改善普通标线涂料可视性不足的缺点而研发的。白天充分吸收可见光能，在夜间视线辨别能力差的环境下不用光源照射便释放自身储存的光能，发出亮光，以提高行人和非机动车使用人对标线的视认性，极大地提高了在恶劣环境下交通行为的安全性，减少交通事故的发生。

蓄能自发光道路标线涂料是一种新型产品。它具有发光效果好，保护环境等特点。它的使用，将解决以往山区、郊区因道路无灯光照明而带来的车辆及行人出行安全问题。

蓄能自发光道路标线涂料是在普通道路标线涂料中添加一种物质，并适当调整配方中各种原料的比例使其达到最好的使用效果和发光亮度。该物质是一种无毒、无味、无放射性，易混于各类化学物质中，并有良好的耐久性和稳定性的材料。该标线可以广泛地应用于无灯光的山区路、郊区路、乡镇路，以保障在夜间视性弱环境下的行人、非机动车使用人的出行安全。主要具有以下几方面技术指标：

（1）其自发光的过程可以无限次的重复出现，且初始亮度高、余晖长；

（2）根据现有道路交通标线的特点和保障交通安全的必要性，初步研制黄、白两色涂料；

（3）良好的耐磨性能和自清洁性能。

该成果可对道路标线做彻底的改良，使其具有主动发光性和更好的透明度以及更优良的耐久性、稳定性。

2008 年，在密云县密西路进行了实地施划实验。通过施划 1 年来的试验证明，其自发光效果较好，对行人、非机动车使用人的安全出行提供了更高的安全保障。蓄能自发光标志试验路段如图 7-7 所示。

图7-7　蓄能自发光标志试验路段

7.4　技术创新

节能环保是当今世界的重要议题，是可持续发展的关键。为了反映“绿色奥运”理念、实现奥运低排放承诺、突破传统交通基础设施建设技术和车辆技术，通过改进技术方法和选择用料、挖掘应用机动车新能源，北京市以奥运为契机，研发了基础设施建设和车辆新技术，既服务于奥运，又为城市交通的可持续发展奠定了基础。主要技术创新成果有以下几个方面。

（1）奥运电动客车在国际上首次规模应用了高能锂离子动力电池，开发了电池组模块化封装系统，实现了动力电池自动快速更换。发明并开发了电机和机械自动变速器组成的一体化动力传动、卧式涡旋式零泄漏一体化冷暖空调、整车信息化控制、电池组能量管理等关键技术产品。整车实现了轻量化设计，解决了用电体制、二次绝缘及安全可靠和冗余稳定等难题。

（2）在电动客车应用方面，建立了车辆应用与动力电池管理分开、动力电池租赁、集中分箱充电、电池组快速自动更换、远程监控与智能调度、集中维护保养的电动客车运行体系，构建了全新的电动客车城市推广模式。

（3）为保障奥运期间电动客车运行的能源供给，充分考虑了功能性、技术要求、经济效益和社会效益等多方面因素，建成了国际上规模最大、充电机数量最多的充电站，在奥运期间为 50 辆电动客车提供 24h 充电、动力电池更换服务及相应的整车和电池维护保养服务。电池管理系统采用集散式系统结构，系统功能、电压和电流全范围检测精度达到了国内外同类产品水平，建立了基于自适应双卡尔曼滤波的 SOC 估计算法模型。经示范运行检验，SOC 估计精度在 8% 以内，能满足运行使用要求。同时，管理系统具有整车绝缘电阻监测能力，确保了电池和人身安全。

（4）自主研制了废胎胶粉改性沥青成套技术，并实际应用于机场南线、康西路、辛樊路等多条道路施工。编制了我国第一部地方性《橡胶沥青及混合料设计施工技术指南》。

（5）自主研制了温拌沥青施工技术，采用表面活性平台法研究开发温拌沥青混合料，以特种乳化沥青替代热沥青，从而达到低排放、节能型、适合薄层摊铺的目的。

（6）自主研制了钢渣骨料在沥青混凝土面层的应用技术。通过对钢渣集料的性能和对钢渣沥青混合料配比设计的研究，通过试验对混合料进行综合性能的评价，并编制了《钢渣沥青混合料设计施工技术指南》，在双清路和南雁路得到应用，钢渣沥青混合料良好的抗滑性能得到了验证。

（7）自主研发了蓄能自发光标志标线技术。其全部技术指标符合国家标准，并已通过权威机构的各项检测。该产品属于企业自主知识产权成果，现已向国家知识产权局申请发明专利。通过施画应用一年来的试验证明，其自发光效果较好，对行人、非机动车的安全出行提供了更高的安全保障。

图索引

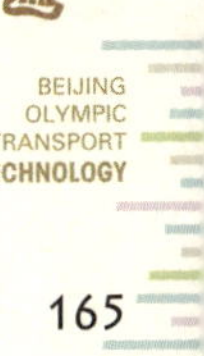
北京奥运交通
科技
BEIJING
OLYMPIC
TRANSPORT
TECHNOLOGY

表索引

后　记

《北京奥运交通丛书》在有关单位的鼎力配合下，终于付梓印刷了，北京市交通委员会和北京交通发展研究中心在组织丛书的编著过程中，得到了北京市交通委员公路政局、北京市交通委员会运输管理局、北京市交通执法总队、北京公交集团、北京市地铁运营公司、北京市轨道交通建设公司、北京市基础设施投资公司、北京市首都公路发展集团、北京市公联公路联络线公司、北京市市政路桥集团、北京祥龙公司、北京市轨道交通指挥中心、北京市公安局公安交通管理局、原北京奥组委交通部等单位有关负责同志、专家学者和工作人员的大力支持。

刘小明、王兆荣、全永燊、郭继孚、郭卫亮、孙壮志等同志对丛书的架构和内容设计付出了辛勤的劳动。

郭继孚、陈金川、邓小勇、马海红、孙建平、李春艳、周园、姚广铮、刘文韬、扈中伟、陈锋、许焱等同志对本书编写做了大量的工作，陈智宏、高永、杜勇、朱丽云、黄建玲、汪祖云、王书灵等同志提供了大量的资料或参加了编写工作。

北京市交通委员会、北京市公安局公安交通管理局、北京市交通委员会路政局、北京市交通委员会运输管理局、北京交通发展研究中心、北京公交集团、北京市轨道交通建设公司、北京市地铁运营公司、北京祥龙公司和柏诚（北京）公司等单位也为本书提供了宝贵的资料。

在此，对参与编写工作的各单位和各位同志付出的辛勤劳动表示衷心的感谢！

本书的出版得到了人民交通出版社戴慧莉编辑的帮助，她认真负责的工作态度与高水平的编辑能力，为本书增色很多，在此一并表示感谢！

《北京奥运交通丛书》编著委员会

2010年2月

参考文献

[1] 第29届奥林匹克运动会组织委员会交通部. 北京奥运会残奥会赛事交通服务纪实 [M]. 北京：人民交通出版社，2009，1.

[2] 朱丽云，郭继孚，温慧敏，等. 一种适用于复杂城市路网的浮动车实时地图匹配技术 [J]. 交通与计算机，2007，12.

[3] 高永，李先，陈锋. 公交IC卡刷卡数据应用功能研究 [J]. 桂林青年学者论坛，2007，9

[4] 郭继孚，温慧敏，陈锋. 浮动车系统功能分析与应用设计研究 [J]. 交通运输系统工程与信息，2007，6.

[5] 诸彤宇，郭胜敏，吕卫锋，等. 并行路网结构下的浮动车信息处理模型 [J]. 北京航空航天大学学报，2009，10.

[6] 郭继孚，温慧敏，张可，等. 北京市交通综合信息平台示范工程项目研究和建设 [J]. 交通运输系统工程与信息，2004，4（3）.

[7] 刘小明，郭继孚，孙壮志. 北京奥运会交通运行及其启示 [J]. 交通运输系统工程与信息，2008，6.

[8] 许焱，陈智宏，杜勇，等. 综合交通信息平台的政府行为型发展模式研究 [J]. 交通运输系统工程与信息，2007，5.

[9]《中国智能运输系统体系框架》专题组. 中国智能运输系统体系框架 [M]. 北京：人民交通出版社，2003.

[10] 刘运通，石建军，熊辉. 交通系统仿真技术 [M]. 北京：人民交通出版社，2002，9.

[11] 关宏志. 非集计模型 – 交通行为分析的工具 [M]. 北京：人民交通出版社，2004.

[12] 魏明，杨方廷，曹正清. 交通仿真发展的发展及研究现状 [J]. 系统仿真学报，15（8），2003，8.

[13] 赵慧，于雷，余柳，等. 中观交通仿真建模关键问题分析及应用研究 [J]. 技术与方法，2009，5.

[14] Adler T, Ben–Akiva M E. A theoretical and empirical model of trip chaining behavior [J]. Transportation Research B, 1979, 13:243–257.

[15] Ben–Akiva M, Bowman J L. Activity–based Disaggregate Travel Demand Model System with Activity Schedules [J]. Transportation Research A, 2001, 35(1):1–28.

[16] Ben–Akiva M, Cyna M. Dynamic model of peak period congestion [J]. Transportation Research Part B, 1984, 18:339–355.

[17] Ben–Akiva M, Steven R L.Discrete Choice Analysis: The Theory and Application to Travel Demand [M]. The MIT Press, Cambridge Massachusetts, 1985:348–349.

[18] Bhat, C.R.. Guidebook on Activity–Based Travel Demand Modeling for Planners [R]. 4080, Austin: Texas Univ., 2000.

[19] Bowan J L, Ben–Akiva M E. Activity–based disaggregate travel demand model system with activity schedules [J].Transportation Research A, 2000, 35:1–28.

[20] Bowman, L.B., Ben–Akiva, M.. Activity–Based Travel Forecasting [Z]. New Orleans, Louisiana: paper presented at the Conference on Activity–Based Travel Forecasting sponsored by TRB, 1996.